アルファベット

1 アルファベットが書かれた紙に穴が開いてしまいました。
正しい形を予想して，_____ に書きましょう。（40点）1つ10

(1)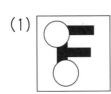

(2)

(3)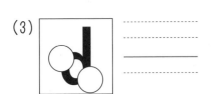

2 次の絵に合う単語になるように，正しいアルファベット
を選んで線で結び，_____ に書きましょう。（60点）1つ20

(1)

```
c  •      • q      • t
s  •      • a      • y
```

(2)

```
m  •      • i      • r      • k
n  •      • t      • l      • x
```

(3)

```
c  •      • e      • k      • u
k  •      • a      • c      • e
```

同じ「a」でも発音が異なることがあるよ。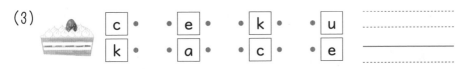

～が好きです。／～出身です。

1 絵と英語を線で結んで，正しい組み合わせにしましょう。

(60点) 1つ20

(1) 　　　•

　　　　　　　　　　　　　　　　　　　　•　bear

(2) 　　　•

　　　　　　　　　　　　　　　　　　　　•　rabbit

(3) 　　　•

　　　　　　　　　　　　　　　　　　　　•　dog

2 次の日本文に合う英文になるように，（　）から適する語
を選んで，══ に書きましょう。(40点) 1つ20

(1) 私は大阪の出身です。

I am ＿＿＿＿＿ Osaka. （　a　　not　　from　）

(2) 私はゾウが好きです。

I ＿＿＿＿＿ elephants. （　am　　have　　like　）

2

答えは105ページ

~できます。
~に行きたいです。

1 次の国旗をヒントにして，アルファベットを並<ruby>べかえて</ruby>
単語を正しく書きましょう。（60点）1つ20

(1) a a a n d C

---

(2) r K o e a

---

(3) a h C n i

---

2 次の絵に合う英文を ☐ から選んで， ══ に書きましょう。（40点）1つ20

(1)

---

(2)

I can play soccer.　　I like tennis.
I want to go to America.

どんな〜が好きですか。

1 次の絵に合う単語になるように，□□□からアルファベットを選んで ＝＝＝ に書きましょう。（60点）1つ20

(1)

＿＿＿＿ ea ＿＿＿＿ h

(2)

c ＿＿＿＿ ＿＿＿＿ rry

(3)

＿＿＿＿ ＿＿＿＿ ange

r　　h　　p　　o　　c　　e

2 次の日本文に合う英文になるように，（　）から適する語を選んで，＝＝＝ に書きましょう。（40点）1つ20

(1) あなたはどんなくだものが好きですか。

（　What animals　　What fruits　）

＿＿＿＿＿＿＿＿＿＿＿＿＿＿＿ do you like?

(2) あなたは自転車を持っていますか。

（　Do you　　Are you　）

「何が」と具体的に
たずねるときは
What を使おう！

＿＿＿＿＿＿＿＿＿＿＿＿＿＿＿ have a bicycle?

答えは105ページ ☞

1 ＝＝＝ に共通してあてはまるアルファベットを，□か
ら選んで書きましょう。(40点) 1つ10

(1)
{
nic ＿＿＿＿＿

cut ＿＿＿＿＿
}

(2)
{
bi ＿＿＿＿＿

lon ＿＿＿＿＿
}

(3)
{
sm ＿＿＿＿ ll

h ＿＿＿＿ rd
}

(4)
{
g ＿＿＿＿ od

c ＿＿＿＿ ol
}

＿＿＿＿＿
g　　t　　a　　e　　o
＿＿＿＿＿

2 英文とその内容に合う絵を，それぞれ線で結びましょう。

(60点) 1つ20

(1) *Sumo* is a Japanese sport. •

•

(2) *Sushi* is Japanese food. •

•

(3) *Kabuki* is a Japanese
culture. •

•

～に住んでいます。

1 単語と日本語を線で結んで，正しい組み合わせにしましょう。（60点）1つ15

(1) study　　　　•　　　　• 見る

(2) eat　　　　•　　　　• 読む

(3) watch　　　　•　　　　• 食べる

(4) read　　　　•　　　　• 勉強する

2 ケン(Ken)が自分について話しています。ケンになったつもりで，＿＿＿ に適する語句を ⬚ から選んで書いて，英文を完成させましょう。（40点）1つ20

> (1) 東京^{とうきょう}に住んでいます。
> (2) ギターをひきたいです。

I ....

(1) I ＿＿＿＿＿＿ Tokyo.

(2) I ＿＿＿＿＿＿ play the guitar.

go to　　want to　　live in

答えは106ページ

道案内をしよう。

1 次の絵が表す英語を ▢ から選んで，〰〰 に書きましょう。（60点）1つ20

(1)

(2)

(3)

left　　right　　straight

2 次の日本文に合うように，〰〰 に適する英語を ▢ から選んで書きましょう。（40点）

A：駅はどこですか。Where is the station?

B：まっすぐ行って，右に曲がります。

Go ＿＿＿＿＿＿＿ and turn ＿＿＿＿＿ .

left　　right　　straight

～に行きました。

1 英語と絵を線で結んで，正しい組み合わせにしましょう。
（60点）1つ20

(1) park　　・

(2) hospital　・

(3) school　・

2 次の絵日記を見て，□内の英文を(1)～(3)の内容に合うように並べかえて ＝＝ に書きましょう。（40点・完答）

(1) 川に行きました。

(2) 大きな魚を見ました。

(3) 楽しかったです。

(1) _____

(2) _____

(3) _____

It was fun.　　I went to the river.　　I saw a big fish.

答えは106ページ

〜しました。

1 次の日本語に合う英単語になるように，〓〓〓 に適する
アルファベットを書き入れましょう。(40点) 1つ10

(1) 歩く　　　　w ＿＿＿＿ l ＿＿＿＿

(2) そうじする　＿＿＿＿ lea ＿＿＿＿

(3) 楽しむ　　　en ＿＿＿＿ ＿＿＿＿ y

(4) 料理する　　＿＿＿＿ oo ＿＿＿＿

2 次の英文を「〜しました。」の文に書きかえましょう。

(60点) 1つ20

(1) I play soccer.　→　I ＿＿＿＿＿＿＿ soccer.

(2) I eat breakfast.　→　I ＿＿＿＿＿＿＿ breakfast.

(3) I see a big dog.　→　I ＿＿＿＿＿＿＿ a big dog.

> 動詞に ed をつけて「〜しました」の意味になるものがあるよ。

1 絵と英語を線で結んで，正しい組み合わせにしましょう。

（60点）1つ20

(1)  ・

・ surfing

(2)  ・

・ boxing

(3)  ・

・ wrestling

2 次の日本文に合う英文になるように，（　）から適する語を選んで，░░░ に書きましょう。（40点）1つ20

(1) ケンは野球をするのが上手です。

（　good　fine　strong　）

Ken is ＿＿＿＿＿＿ at playing baseball.

(2) 彼はすばらしい野球選手です。

（　old　great　big　）

He is a ＿＿＿＿＿＿ baseball player.

答えは107ページ ☞

なぜ～ですか。
…だからです。

1 絵の内容を表す単語を１つ選んで，○で囲みましょう。

（60点）1つ20

(1)

sleepy

busy

funny

(2)

happy

hungry

hot

(3)

fine

tired

sad

2 次の日本文に合う英文になるように，（　）から適する語を選んで，====== に書きましょう。（40点）1つ20

(1) なぜあなたはつりが好きなのですか。

（　What　　Why　）

_____ do you like fishing?

(2) （(1)に答えて）わくわくするからです。

（　Because　　But　）

_____ it is exciting.

Why ～?「なぜ」には
Because ... 「…だから」
で答えるといいよ！

〜になりたいです。

1 次の(1)〜(4)の単語と関係が深い職業を，右の単語から選んで，線で結びましょう。(60点) 1つ15

(1) school　　　•　　　　•　　doctor

(2) sport　　　•　　　　•　　teacher

(3) hospital　•　　　　•　　florist

(4) flower　　•　　　　•　　baseball player

2 次の日本文に合う英文になるように，(　)内の語を並べかえて，＿＿＿ に書きましょう。(40点) 1つ20

(1) 私は警察官になりたいです。

I (be / to / a / want) police officer.

I ＿＿＿＿＿＿＿＿＿＿＿＿＿ police officer.

(2) あなたは何になりたいですか。

What (want / be / you / to / do)?

What ＿＿＿＿＿＿＿＿＿＿＿＿＿ ?

答えは107ページ

LESSON 13

対称な図形 ①

月　日

得点　　点　合格75点

1 下の㋐〜㋓の形で，線対称な図形はどれですか。（25点）

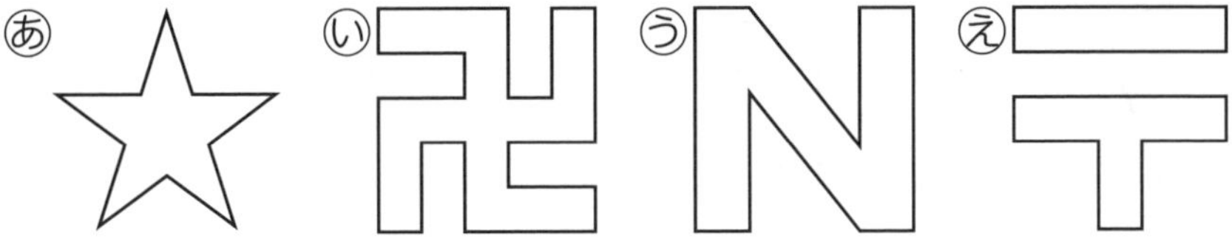

[　　　　　]

2 右の長方形は線対称な図形です。（50点）1つ25

(1) 対称の軸をすべてかき入れましょう。

(2) 点Bに対応する点をすべて答えましょう。

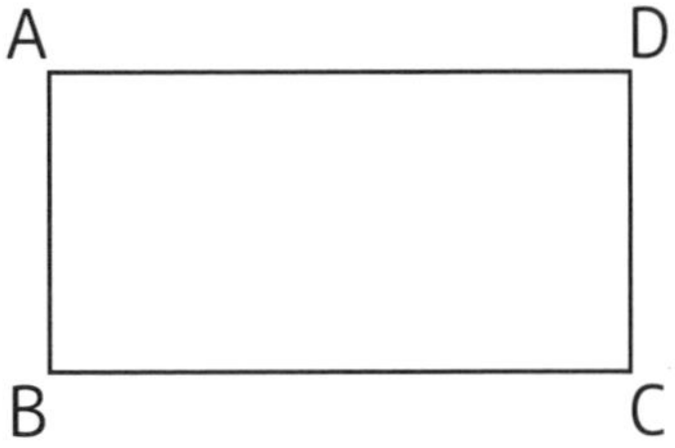

[　　　　　]

3 下の図は，直線アイを対称の軸とした線対称な図形の半分を表したものです。残りの半分をかきましょう。（25点）

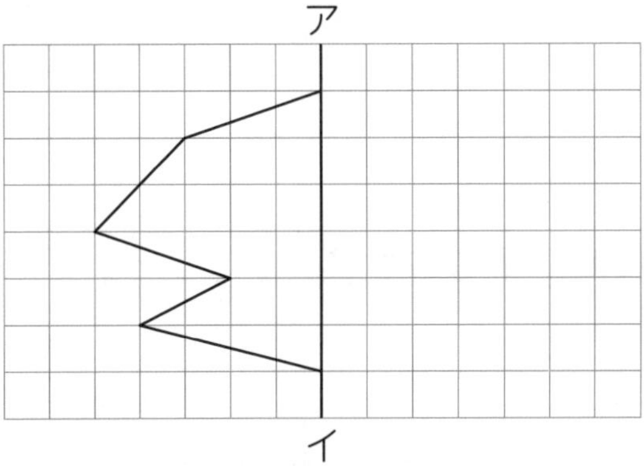

対称な図形 ②

1 下の⑤〜えの形について答えましょう。（40点）1つ20

⑤ 平行四辺形　　い 正方形　　う 台形　　え ひし形

(1) 点対称な図形はどれですか。

[　　　　　　　]

(2) 線対称でもあり，点対称でもある図形はどれですか。

[　　　　　　　]

2 右の図は点対称な図形です。

（60点）1つ20

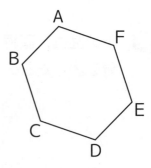

(1) 対称の中心Oをかき入れましょう。

(2) 点Aに対応する点を答えましょう。

[　　　　　　]

(3) 辺EFに対応する辺を答えましょう。

[　　　　　　]

答えは108ページ

文字と式 ①

1 １辺の長さが x cm の正三角形があります。 （36点）1つ12

(1) まわりの長さを y cm とするとき，x と y の関係を式に表しましょう。

[　　　　　　]

(2) x の値が5のとき，対応する y の値を求めましょう。

[　　　　　　]

(3) y の値が 24 になるときの，x の値を求めましょう。

[　　　　　　]

2 次の式に表される場面を右から選び，線で結びましょう。

（64点）1つ16

$40+x=y$ ・

・ 40 円のクッキーを x 個買ったときの代金 y 円

$40-x=y$ ・

・ 面積が 40 cm² の長方形の縦の長さが x cm，横の長さが y cm

$40×x=y$ ・

・ 40 円のえんぴつと x 円のペンを買ったときの代金 y 円

$40÷x=y$ ・

・ 40 L の水が入る水そうに x L の水を入れたとき，まだ水が入る量 y L

文字と式 ②

1 同じ重さのかんづめ6個を 250 g の箱に入れます。

(36点) 1つ12

(1) かんづめ１個の重さを x g, 全体の重さを y g として, x と y の関係を式に表しましょう。

[　　　　　　　　　]

(2) x の値が 400 のとき, 対応する y の値を求めましょう。

[　　　　　　　　　]

(3) y の値が 2050 になるときの, x の値はいくつですか。 100, 200, 300 の中から選びましょう。

[　　　　　　　　　]

2 次の式にあてはまる x の値を 12, 13, 14 の中から選びましょう。(64点) 1つ16

❶ $x + 56 = 70$　　　　❷ $x \div 6 = 2$

[　　　　　]　　　　[　　　　　]

❸ $x \times 3 + 21 = 60$　　　❹ $x \div 2 - 4 = 3$

[　　　　　]　　　　[　　　　　]

答えは108ページ ☞

円の面積 ①

1 次の円の面積を求めましょう。円周率は 3.14 とします。

（50点）1つ25

❶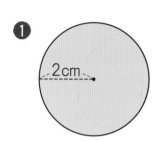
2cm

❷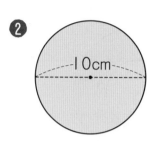
10cm

[　　　　　] 　 [　　　　　]

2 次の図形の面積を求めましょう。円周率は 3.14 とします。（50点）1つ25

❶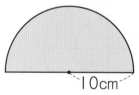
10cm

❷
4cm

[　　　　　] 　 [　　　　　]

円の面積 ②

1 色のついた部分の面積を求めましょう。円周率は 3.14 とします。（100点）1つ25

❶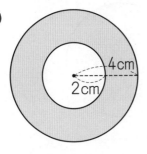

4cm
2cm

[　　　　　　　　]

❷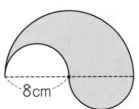

8cm

[　　　　　　　　]

❸

4cm
4cm 4cm

[　　　　　　　　]

❹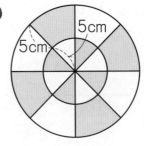

5cm
5cm

[　　　　　　　　]

答えは109ページ

分数のかけ算 ①

1 □にあてはまる数を書きましょう。（24点）1つ4

$$\frac{3}{7} \times \frac{3}{5} = \frac{\boxed{} \times \boxed{}}{\boxed{} \times \boxed{}} = \frac{\boxed{}}{\boxed{}}$$

分母どうし，分子どうしをかけよう。

2 計算をしましょう。（60点）1つ10

❶ $\dfrac{2}{5} \times \dfrac{2}{9}$

❷ $\dfrac{1}{4} \times \dfrac{5}{8}$

❸ $\dfrac{25}{6} \times \dfrac{7}{10}$

❹ $\dfrac{5}{18} \times \dfrac{9}{10}$

❺ $\dfrac{6}{7} \times \dfrac{7}{6}$

❻ $21 \times \dfrac{3}{14}$

3 縦 $\dfrac{9}{4}$ m，横 $\dfrac{8}{3}$ m の長方形の花だんがあります。この花だんの面積を求めましょう。（16点）

[　　　　　　　]

分数のかけ算 ②

1 計算をしましょう。(60点) 1つ15

❶ $1\dfrac{2}{3} \times \dfrac{9}{8}$

❷ $1\dfrac{1}{4} \times 2\dfrac{2}{5}$

❸ $\dfrac{2}{3} \times \dfrac{7}{8} \times \dfrac{3}{7}$

❹ $\dfrac{5}{6} \times 3 \times 1\dfrac{1}{10}$

2 1 m の重さが, $\dfrac{1}{9}$ kg の針金があります。この針金 $2\dfrac{4}{7}$ m の重さは何 kg ですか。(20点)

[　　　　　]

3 縦 $\dfrac{21}{4}$ cm, 横 $\dfrac{16}{3}$ cm, 高さ $\dfrac{5}{2}$ cm の直方体の体積 を求めましょう。(20点)

[　　　　　]

答えは109ページ ☞

分数のかけ算 ③

1 計算をしましょう。（20点）1つ10

❶ $\left(\dfrac{1}{2}+\dfrac{3}{5}\right)\times10$

❷ $\dfrac{4}{7}\times9+\dfrac{4}{7}\times5$

2 □にあてはまる不等号を書きましょう。（60点）1つ15

❶ $3\times1\dfrac{1}{2}$ □ 3

❷ $\dfrac{3}{5}$ □ $\dfrac{3}{5}\times\dfrac{2}{3}$

❸ 4 □ $4\times\dfrac{5}{6}$

❹ $1\dfrac{3}{7}\times\dfrac{3}{8}$ □ $1\dfrac{3}{7}$

かける数に
注目しよう。

3 １時間で 15 cm 燃えるろうそくがあります。このろうそくが 40 分間で燃える長さは何 cm ですか。（20点）

[　　　　　]

分数のわり算 ①

1 次の分数の逆数を答えましょう。（16点）1つ8

❶ $\dfrac{2}{3}$　　　　　　　　❷ $\dfrac{14}{5}$

[　　　　]　　　　　　　[　　　　]

2 □にあてはまる数を書きましょう。（24点）1つ4

$$\dfrac{3}{4} \div \dfrac{8}{9} = \dfrac{\boxed{} \times \boxed{}}{\boxed{} \times \boxed{}} = \dfrac{\boxed{}}{\boxed{}}$$

逆数を使って
かけ算に直そう。

3 計算をしましょう。（60点）1つ10

❶ $\dfrac{2}{7} \div \dfrac{3}{4}$　　　　　　　❷ $\dfrac{2}{3} \div \dfrac{1}{2}$

❸ $\dfrac{7}{9} \div \dfrac{1}{3}$　　　　　　　❹ $\dfrac{9}{4} \div \dfrac{11}{8}$

❺ $\dfrac{15}{4} \div \dfrac{5}{12}$　　　　　　❻ $\dfrac{6}{5} \div \dfrac{21}{10}$

答えは110ページ ☞

分数のわり算 ②

1 計算をしましょう。(60点) 1つ15

❶ $7 \div \dfrac{4}{3}$

❷ $12 \div \dfrac{4}{9}$

❸ $1\dfrac{1}{2} \div \dfrac{9}{8}$

❹ $\dfrac{4}{7} \div \dfrac{5}{14} \div \dfrac{3}{5}$

2 計算をしましょう。(20点) 1つ10

❶ $3\dfrac{2}{3} \div \left(\dfrac{1}{3} + \dfrac{3}{5}\right)$

❷ $1\dfrac{2}{3} + \dfrac{8}{9} \div \dfrac{2}{3}$

3 そうたさんは池の周りを 300 m 走りましたが，これは池1周の $\dfrac{5}{8}$ にあたります。この池は1周何 m ありますか。(20点)

[　　　　　]

分数のわり算 ③

1 □にあてはまる不等号を書きましょう。(20点) 1つ10

① $5 \div \dfrac{1}{2}$ □ 5

② $\dfrac{2}{3}$ □ $\dfrac{2}{3} \div 1\dfrac{1}{4}$

わる数に注目しよう。

2 計算をしましょう。(60点) 1つ15

① $0.2 \div \dfrac{5}{9}$

② $\dfrac{3}{8} \div 0.6$

③ $0.3 \div \dfrac{3}{5} \times \dfrac{1}{2}$

④ $\dfrac{7}{5} \div 0.1 \times 4$

3 お肉を $\dfrac{7}{8}$ kg 買ったところ, 代金は 770 円でした。このお肉 1 kg の値段は何円ですか。(20点)

[　　　　　]

答えは111ページ

整数・小数・分数の計算 ①

1 整数や小数は，分数に直して計算をしましょう。

（60点）1つ10

❶ $\dfrac{5}{2} \times \dfrac{8}{3} \div \dfrac{25}{9}$

❷ $\dfrac{7}{4} \times \dfrac{8}{21} \div 5$

❸ $\dfrac{11}{12} \div \dfrac{16}{9} \times \dfrac{8}{5}$

❹ $\dfrac{5}{6} \times 0.2 \div \dfrac{1}{18}$

❺ $\dfrac{15}{7} \div 8 \div \dfrac{3}{4}$

❻ $\dfrac{2}{5} \div 3 \div 1.2$

2 かべの $\dfrac{1}{4}$ をぬるのに，2.8 L のペンキを使いました。かべ全体をぬるには何 L のペンキが必要ですか。（40点）

[　　　　　]

整数・小数・分数の 計算 ②

1 計算をしましょう。(60点) 1つ20

❶ $\left(\dfrac{1}{2}+\dfrac{8}{9}\right)\times(1.26+2.54)$

❷ $(3.57-2.07)\div\left(\dfrac{3}{7}-\dfrac{4}{21}\right)$

❸ $\dfrac{2}{5}\times7-\dfrac{1}{3}\times3.9$

2 くふうして計算をしましょう。(40点) 1つ20

❶ $\dfrac{1}{5}\times2.6+2.6\times\dfrac{4}{5}$

❷ $8.3\div\dfrac{7}{12}-1.3\div\dfrac{7}{12}$

共通な部分
に注目しよう。

答えは112ページ ☞

比 ①

1 あるクラスの児童の通学時間は，15 分未満が 16 人，15 分以上が 13 人です。(30点) 1つ15

(1) 15 分未満と 15 分以上の人数の比を答えましょう。

[　　　　　]

(2) クラス全員の人数と 15 分未満の人数の比を求めましょう。

[　　　　　]

2 次の比の値を求めましょう。(30点) 1つ15

❶ 3 : 7　　　　　　❷ 15 : 20

[　　　　　]　　　　　[　　　　　]

3 等しい比どうしを，線で結びましょう。(40点) 1つ10

1 : 3 ・　　　　　・ 3 : 1

12 : 4 ・　　　　　・ 2 : 5

7 : 3 ・　　　　　・ 3 : 9

6 : 15 ・　　　　　・ 28 : 12

比 ②

1 □にあてはまる数を書きましょう。(60点) 1つ10

❶ $2:3=$ □ $:15$

❷ $9:4=$ □ $:16$

❸ □ $:7=25:35$

❹ □ $:18=3:2$

❺ $10:$ □ $=2:1$

❻ $4:$ □ $=20:45$

2 コーヒー牛乳をつくります。コーヒーと牛乳の量の比を 1:3 になるようにします。牛乳の量を 180 mL にするとき，コーヒーの量はどれだけにすればよいですか。

(20点)

[　　　　　]

3 ある学校の全体の児童数と英語を習っている人数の比は 5:2 です。英語を習っている人数が 360 人のとき，習っていない人数は何人ですか。(20点)

[　　　　　]

答えは113ページ

拡大図と縮図 ①

1 下の図形を見て答えましょう。（80点）1つ20

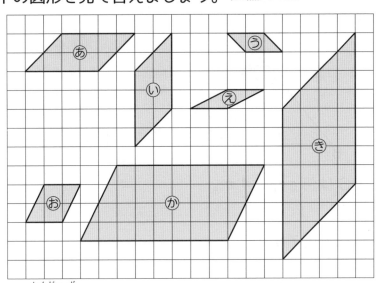

(1) ㋐の拡大図はどれですか。また，それは何倍の拡大図ですか。

　　　　　　　　　　[　　　　]　で　[　　　　　]　倍である。

(2) ㋐の縮図はどれですか。また，それは何分の1の縮図ですか。

　　　　　　　　　　[　　　　]　で　[　　　　　]　分の1である。

2 3kmのきょりは，縮尺25000分の1の地図上では何cmになりますか。（20点）

　　　　　　　　　　　　　　　　　　[　　　　　　]

拡大図と縮図 ②

1 次の四角形 ABCD は，四角形 EFGH を 3倍に拡大した図形です。(50点) 1つ25

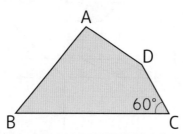

(1) 辺 BC は何 cm ですか。　　　　[　　　　　]

(2) 角 G は何度ですか。　　　　　　[　　　　　]

2 右の図のように，木から 6 m はなれたところから角度をはかると 40° でした。(50点) 1つ25

(1) 直角三角形 ABC の $\dfrac{1}{200}$ の縮図をかきましょう。

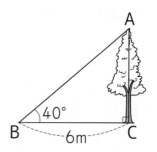

(2) 木の実際の高さは約何 m ですか。

[　　　　　]

答えは114ページ ☞

角柱や円柱の体積 ①

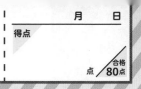

1 次の角柱や円柱の体積を求めましょう。円周率は 3.14 とします。（80点）1つ20

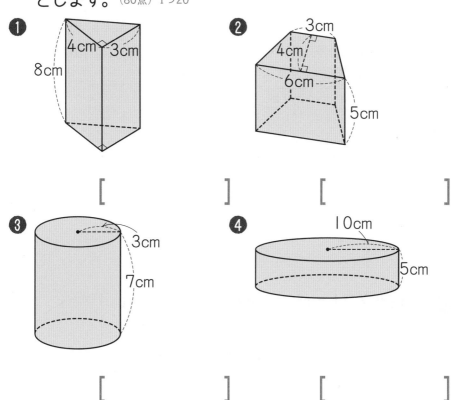

❶ 4cm 3cm 8cm

❷ 3cm 4cm 6cm 5cm

❸ 3cm 7cm

❹ 10cm 5cm

[　　　　　　　] [　　　　　　　]

[　　　　　　　] [　　　　　　　]

2 体積が 168 cm³ で，高さが 7 cm の角柱があります。この角柱の底面積は何 cm² ですか。（20点）

[　　　　　　　]

月　日

得点

点／合格 75点

1 次の展開図を組み立ててできる立体の体積を求めましょう。円周率は 3.14 とします。（50点）1つ25

❶

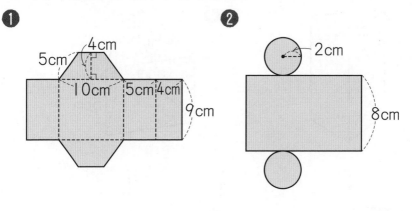

❷

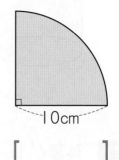

[　　　　　] 　 [　　　　　]

2 体積が 471 cm³ で, 底面が右のようなおうぎの形の, 柱の形をした立体があります。この立体の高さは何 cm ですか。円周率は 3.14 とします。（25点）

[　　　　　]

3 底面の円周が 50.24 cm, 高さが 2 cm の円柱の体積は何 cm³ ですか。円周率は 3.14 とします。（25点）

[　　　　　]

答えは114ページ☞

およその形と大きさ

1 右のような形をした池があります。(50点) 1つ25

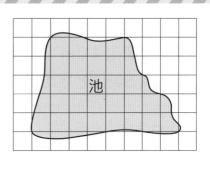

(1) この池のおよその面積を求めるためにもとにする図形を，右の図にかき入れましょう。

(2) この池の面積は，およそ何 m² ですか。方眼の1目もりは1mです。

[　　　　　　　　　　]

2 右のような形をしたかばんがあります。(50点) 1つ25

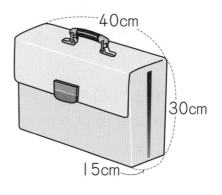

(1) このかばんは，およそどんな形とみることができますか。

[　　　　　　]

(2) このかばんのおよその容積を求めましょう。

[　　　　　　　　　　]

月　日

得点

点/合格80点

1 直方体の形をした水そうに一定の量ずつ水を入れると，
１分間に４cm ずつ水面が高くなりました。このときの
入れる時間と水の深さを表にしました。

入れる時間 x（分）	1	2	3	4	5	6
水の深さ y（cm）	4	8				

(1) 上の表にあてはまる数を書きましょう。（20点）1つ5

(2) 入れる時間が２倍，３倍となると，水の深さはどのよう
になりますか。（20点）

[　　　　　　　　　　　　]

(3) 入れる時間と水の深さの関係を何と
いいますか。（20点）

[　　　　　　]

(4) 入れる時間と水の深
さの関係をグラフに
表しましょう。（20点）

(5) 水の深さが 40 cm に
なるのは，水を入れ
始めてから何分後で
すか。（20点）

[　　　　　　]

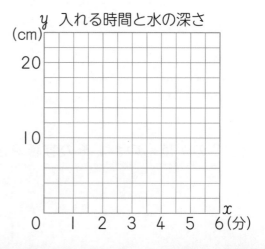

入れる時間と水の深さ

答えは115ページ☞

比 例 ②

1 次のことがらで，比例するものに○，そうでないものに ×をつけましょう。(40点) 1つ10

❶ [　] 1日の起きている時間とねている時間

❷ [　] 円の半径と円周の長さ

❸ [　] 18mのロープを親子で分けるときの，親の分 の長さと子どもの分の長さ

❹ [　] 時速60kmで走る自動車の走った時間と道の り

2 横の長さが6cmの長方形があります。(60点) 1つ20

(1) 長方形の縦の長さ x cm と面積 y cm² の関係を式に表しましょう。

[　　　　　　]

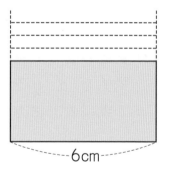
6cm

(2) 縦が3.2cmのときの面積を求めましょう。

[　　　　]

(3) 面積が34.8cm²のときの縦の長さを求めましょう。

[　　　　]

反比例

1 面積が 6 cm² のいろいろな三角形があります。この三角形の底辺の長さと高さの関係を表にしました。

底辺の長さ x (cm)	1		3	4	6
高さ y (cm)		6			

(1) 上の表にあてはまる数を書きましょう。(25点) 1つ5

(2) 底辺の長さが2倍，3倍，4倍となると，それに対応する高さはどうなりますか。(25点)

[　　　　　　　　　　　　　　　　　　　　]

(3) 底辺の長さと高さの関係を，x, y を使って式に表しましょう。(25点)

[　　　　　　]

(4) 底辺の長さと高さの値の組をグラフに表しましょう。(25点)

底辺の長さと高さ

答えは115ページ ☞

場合の数 ①

1 4枚のカードのうちの3枚のカードを使って，3けたの数をつくります。(50点) 1つ25

(1) 1 2 3 4 の4枚のカードでは全部で何通りの数ができますか。

[　　　　　]

(2) 0 1 2 3 の4枚のカードでは全部で何通りの数ができますか。

[　　　　　]

2 右の旗のあ，い，うの部分を赤，白，黄の3色を使ってぬり分けます。

(50点) 1つ25

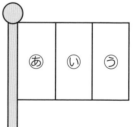

(1) 3色全部の色を使ってぬると，何通りのぬり方がありますか。

[　　　　　]

(2) 2色，または3色を使って，となりどうしが同じ色にならないようにぬると，何通りのぬり方がありますか。

[　　　　　]

場合の数 ②

1 A，B，C，Dの4人から，委員を2人選ぶとき，選び方は何通りありますか。（25点）

[　　　　　]

2 もも，みかん，なし，さくらんぼ，パイナップルの5種類のかんづめがあります。（50点）1つ25

(1) 2種類を選んで箱につめるとき，選び方は何通りありますか。

[　　　　　]

(2) 3種類を選んで箱につめるとき，選び方は何通りありますか。

[　　　　　]

3 A，B，C，D，E，Fの6チームでバレーボールの試合をします。それぞれどのチームとも1回ずつ試合をするとき，試合の数は全部で何試合になりますか。（25点）

[　　　　　]

答えは116ページ ☞

資料の調べ方 ①

1 右の表は，ある小学校の6年生の体重を調べたものです。

（100点）1つ25

体重(kg)	人数(人)
以上　　未満 30〜35	4
35〜40	7
40〜45	15
45〜50	10
50〜55	6
55〜60	3
計	45

(1) 中央値がふくまれる階級を答えましょう。

[　　　　　　　　]

(2) ゆうまさんの体重は40kgです。ゆうまさんより体重の軽い人は何人いますか。

[　　　　　　]

(4) 35kg以上50kg未満の人は，全体の約何%ですか。四捨五入して，一の位まで求めましょう。

[　　　　　　]

(4) 体重のちらばりのようすを柱状グラフに表しましょう。

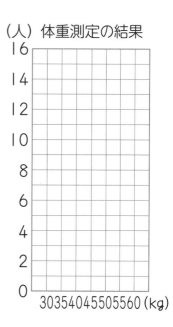

(人) 体重測定の結果

30 35 40 45 50 55 60 (kg)

資料の調べ方 ②

1 下の表は，ある学級の算数のテストの得点をまとめたものです。(100点) 1つ25

算数のテストの得点

得点(点)	4	5	6	7	8	9
人数(人)	3	7	10	13	5	2

(1) この学級の生徒は何人ですか。

[　　　　　]

(2) 最頻値を求めましょう。

資料のとくちょうを
調べよう。

[　　　　　]

(3) 中央値を求めましょう。

[　　　　　]

(4) 平均値を求めましょう。

[　　　　　]

答えは117ページ ☞

日本国憲法（けんぽう）

1 日本国憲法（けんぽう）について，次の問いに答えましょう。

(1) 次の[　]にあてはまることばを答えましょう。(50点) 1つ10

日本国憲法の三原則は，[①　　　　　　　]の尊重（そんちょう），

[②　　　　]主権（しゅけん），[③　　　　]主義です。天皇（てんのう）は，

「日本国の[④　　　　]」であり，[⑤　　　　]の助言

と承認（しょうにん）にもとづいて，国事行為（こくじこうい）を行います。

(2) 国民の３つの義務を答えましょう。(30点) 1つ10

[　　　　　　][　　　　　　　　]

[　　　　　　]

(3) 次の文は，日本国憲法の前文の一部です。①・②にあて
はまることばを，あとの**ア〜エ**から１つ選びましょう。

①[　　　]　②[　　　]　(10点) 1つ5

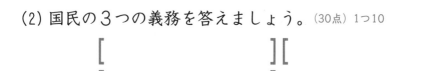

国政は，（　①　）の厳粛（げんしゅく）な信託（しんたく）によるものであって，その
権威（けんい）は（　①　）に由来し，その権力は（　①　）の（　②　）
がこれを行使し，その福利は（　①　）がこれを享受（きょうじゅ）する。

ア 天皇　**イ** 国民　**ウ** 市民　**エ** 代表者

(4) 日本国憲法第９条について，国と国会が定めた次の原則
を何といいますか。(10点)　　　　　[　　　　　　　　]
核兵器（かく）をもたない，つくらない，もちこませない。

わたしたちのくらしと政治

1 政治のしくみについて，次の問いに答えましょう。

(1) 国などが政治を行うために，国民が納めるお金を何といいますか。(10点)

[　　　　　]

(2) 次の文で正しいものには○を，誤っているものには×をつけましょう。(30点) 1つ10

① 満18才以上の日本国民は選挙権が認められる。

[　　　　　]

② 参議院議員の任期は4年である。 [　　　　　]

③ 議員数は，衆議院より参議院のほうが多い。 [　　　]

(3) 次の文を読んで，国会の仕事には**A**，内閣の仕事には**B**，裁判所の仕事には**C**を，[　　]に書きましょう。(40点) 1つ10

① 国の法律を制定したり予算を決めたりする。 [　　　　]

② 外国と条約を結ぶ。 [　　　　]

③ 法律や予算の中で実際の政治を行う。 [　　　　]

④ 法律が憲法に違反していないか判断する。 [　　　　]

(4) 国民の裁判に対する理解と信頼を深めるためにつくられた，国民が裁判に参加する制度を何といいますか。(10点)

[　　　　　]

(5) 地方公共団体(都道府県や市〈区〉町村)の議会が制定するきまりのことを何といいますか。(10点)

[　　　　　]

答えは117ページ ☞

三権分立

1 図を見て，あとの問いに答えましょう。

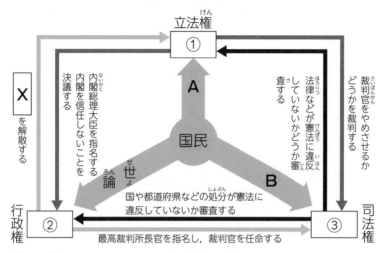

立法権
①

X を解散する

内閣総理大臣を指名する

内閣を信任しないことを決議する

A

国民

世論

法律などが憲法に違反していないかどうか審査する

裁判官をやめさせるかどうかを裁判する

B

国や都道府県などの処分が憲法に違反していないか審査する

最高裁判所長官を指名し，裁判官を任命する

行政権 ②　　　　　③ 司法権

(1) ①～③にあてはまる機関名を答えましょう。(30点) 1つ10

①[　　　　]　②[　　　　]　③[　　　　]

(2) 図のように，立法権・行政権・司法権の３つの権力を独立させて，たがいに行き過ぎないようにしているしくみを何といいますか。(15点) [　　　　]

(3) 次の①・②は，図中のＡ・Ｂのどちらの説明ですか。[ ]に記号を書きましょう。(40点) 1つ20

① 最高裁判所の裁判官を，国民審査する。 [　　　　]

② 選挙で国民の代表を選び，政治に参加する。[　　　　]

(4) 図中のＸには，衆議院と参議院のどちらがあてはまりますか。(15点) [　　　　]

1 次の文を読んで，縄文時代（じょうもん）に関するものにはA，弥生時代（やよい）に関するものにはB，古墳時代（こふん）に関するものにはCを，それぞれ[　]に書きましょう。(60点) 1つ10

❶ たくさんのはにわがつくられた。　　　　　　　[　　　　]

❷ 縄目の文様（もんよう）をもつ土器がつくられた。　　[　　　　]

❸ 米づくりが全国に広まった。　　　　　　　　　[　　　　]

❹ 大王（おおきみ）（だいおう）を中心とする大和朝廷（やまとちょうてい）(大和政権（せいけん）)が中国に使者を送った。
　　　　　　　　　　　　　　　　　　　　　[　　　　]

❺ むらどうしの争いが増えはじめた。　　　　　　[　　　　]

❻ 大きな力をもつ豪族（ごうぞく）が各地に前方後円墳をつくった。

3つの時代のちがいをまとめよう。

[　　　　]

2 次の問いに答えましょう。

(1) 次の[　]にあてはまることばを答えましょう。(20点) 1つ10

　　3世紀ごろの日本のようすを伝える中国の歴史書には，女王である[① 　　　　　　]が[② 　　　　　　]というくにをおさめていたことが書かれています。

(2) 古墳がつくられはじめたころから，朝鮮（ちょうせん）半島や中国から日本に移り住む人々が増え，はた織りや土器づくり，漢字など，多くのことを伝えました。このような人々を何といいますか。(20点)
　　　　　　　　　　　　　　　　　　[　　　　]

貴族の政治

1 飛鳥時代について，次の問いに答えましょう。(30点) 1つ10

(1) 右の資料は，聖徳太子が役人の心得を示したものの一部です。何といいますか。

> 一　和をたいせつにし，争いをやめよ。
> 一　天皇の命令にはしたがえ。

[　　　　　　　　]

(2) 聖徳太子によってつくられた現存する世界最古の木造建築で，世界遺産に登録されている建築物を何といいますか。

[　　　　　　　　]

(3) 645年，中大兄皇子らが蘇我氏をたおして始めた政治の改革を何といいますか。

[　　　　　　　　]

> 天皇を中心とした国づくりを行ったよ。

2 奈良・平安時代について，次の[　]にあてはまることばを答えましょう。(70点) 1つ10

(1) 奈良時代，[①　　　　　　]によって国を守ろうと考えた聖武天皇は，都に[②　　　　　　]寺をつくった。

(2) [①　　　　　]は稲の収穫高の約[②　　　　]％を納める税である。

(3) 平安時代には，藤原道長などの[①　　　　　　]による政治が行われた。また，紫式部の『[②　　　　　　]』など，[③　　　　　　]で書かれた作品が生まれた。

武士の政治

1 右の年表を見て，次の問いに答えましょう。

年代	できごと
1192	（　①　）が征夷大将軍に任命される
1221	（　②　）の乱がおこる
1274	（　③　）軍が，九州北部へせめてくる
1281	再び（　③　）軍がせめてくる

(1) ①にあてはまる人物名を答えましょう。（15点）

[　　　　　　　]

(2) ①の人物が国ごとに置いた役職を何といいますか。

[　　　　　　　]　（15点）

(3) ②にあてはまることばを答えましょう。（15点）

[　　　　　　　]

(4) ③にあてはまる国名を答えましょう。（10点）　[　　　　　]

(5) ③がせめてきたとき，幕府の政治をすすめていた執権はだれですか。（15点）

[　　　　　　　]

2 室町文化について，次の問いに答えましょう。（30点）1つ15

(1) 足利義満の保護を受けた観阿弥・世阿弥の父子が完成させた芸能を何といいますか。

[　　　　　　　]

(2) 右の絵は室町時代に建てられた建築物の内部です。この建築様式を何といいますか。

[　　　　　　　]

答えは118ページ☞

3人の武将と天下統一

1 次の文を読んで，織田信長の説明にはＡ，豊臣秀吉の説明にはＢ，徳川家康の説明にはＣを，[　]に書きましょう。(60点) 1つ10

❶ 江戸に幕府を開いた。 [　　　　]

❷ 検地(太閤検地)を行った。 [　　　　]

❸ 楽市・楽座を行い，自由な商売を認めた。 [　　　　]

❹ 鉄砲を集団で使う戦い方を始めた。 [　　　　]

❺ 関ヶ原の戦いに勝ち，征夷大将軍となった。 [　　　　]

❻ 勢力をのばそうと，朝鮮に2度兵を送った。 [　　　　]

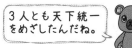

3人とも天下統一をめざしたんだね。

2 次の問いに答えましょう。

(1) 鉄砲はどこの国の人によって日本に伝えられましたか。

[　　　　　　　　] (10点)

(2) 次の[　]にあてはまることばを答えましょう。

(20点) 1つ10

1549年，スペインから[① 　　　　　　]が鹿児島に来て，[② 　　　　]教を日本に伝えました。

(3) 右上の絵の，豊臣秀吉が行った政策を何といいますか。

[　　　　　　] (10点)

江戸幕府の政治

1 次の問いに答えましょう。(30点) 1つ10

(1) 右の資料は，江戸幕府が定めた，大名が守らなければならないきまりの一部です。

> 一　大名は江戸に参勤すること。
> 一　城を修理する場合は，届け出ること。

このきまりを何といいますか。　[　　　　　　]

(2) 下線部の制度を何といいますか。　[　　　　　　]

(3) 江戸時代の身分について，人口の8割以上をしめた身分を何といいますか。　[　　　　　　]

2 次の文を読んで，問いに答えましょう。

　　1637年，九州地方で[①　　　　　　]教信者を中心として3万数千人もの人々が，幕府に対して一揆をおこしました。この後，幕府は，外国との貿易を中国(清)と[②　　　　　　]に制限しました。

(1) [　]にあてはまることばを答えましょう。(40点) 1つ20

(2) 幕府による貿易統制のもとで，次の①・②との交流の窓口を，あとのア〜エから1つ選びましょう。(30点) 1つ15

① 朝鮮[　　　]　　② 琉球王国[　　　]

ア 薩摩藩　　イ 松前藩
ウ 長崎　　　エ 対馬藩

> 外国と交流できる場所は限られていたよ。

江戸時代の文化

月　日

得点

点／合格80点

1 江戸時代の文化や学問について，次の問いに答えましょう。

(1) 次の[　]にあてはまる人物を，あとの**ア～オ**から1つずつ選びましょう。(30点) 1つ10

	作品名	人物名
人形浄瑠璃	「曽根崎心中」	[①]
浮世絵	「東海道五十三次」	[②]
	「富嶽三十六景」	葛飾北斎
俳句	「奥の細道」	[③]

ア 前野良沢　　**イ** 松尾芭蕉　　**ウ** 伊能忠敬
エ 歌川広重　　**オ** 近松門左衛門

(2) 江戸時代の中ごろにおこった①・②の学問名を答えましょう。(30点) 1つ15

① 儒学や仏教の教えが伝わる前の，日本人古来の考え方を明らかにしようとする学問。[　　　]

② オランダ語の書物を通して西洋の医学や天文学・地理学などを研究する学問。[　　　]

(3) 杉田玄白らが，オランダ語の医学書を翻訳して出版した本を何といいますか。(20点) [　　　]

(4) 百姓や町人の子どもたちに，「読み・書き・そろばん」を教える学校を何といいますか。(20点) [　　　]

1 右の年表を見て，次の問いに答えましょう。

年代	できごと
1853	（ **A** ）が浦賀に来航する
1854	（ **B** ）を結ぶ
1867	朝廷に政権を返上する

(1) **A**は，軍艦4せきを率いて日本へ来たアメリカの使節です。人物名を答えましょう。(15点)

[　　　　　　　]

(2) **B**にあてはまる条約名を答えましょう。(15点)

[　　　　　条約]

(3) 薩摩藩と長州藩の同盟をうながした人物を，次の**ア～エ**から1つ選びましょう。(10点)

[　　　　]

ア 木戸孝允　　**イ** 坂本龍馬
ウ 西郷隆盛　　**エ** 勝海舟

(4) 下線部を行った江戸幕府の将軍の名まえを答えましょう。

[　　　　　　]　(15点)

(5) 次の説明にあてはまる人物名を答えましょう。(30点) 1つ15

① もと幕府の役人で，生活に苦しむ人々を救うため，大阪の大商人の屋敷にせめ入った。[　　　　　]

②『学問のすゝめ』を著した。[　　　　　]

(6) 欧米の制度などが取り入れられ，人々のくらしが大きく変わったことを何といいますか。[　　　　　](15点)

50

答えは119ページ ☞

明治政府の政治

1 明治政府の政治について，次の問いに答えましょう。

(1) 右の資料は，明治政府の新しい政治の方針を定めたものです。何といいますか。(20点)

[　　　　　　　　]

> 一　政治は広く会議を開き，みんなの意見を聞いて決めよう。
> 一　国民が心を合わせ，国の政策を行おう。
> 一　国民一人一人の意見がかなえられるようにしよう。
> 一　これまでのよくないしきたりを改めよう。
> 一　知識を世界から学び，天皇中心の国を栄えさせよう。

(2) 次の①～⑤の文が説明していることがらを，あとの**ア～オ**から１つ選びましょう。(80点) 1つ16

① ドイツの憲法を手本にしてつくられた。　[　　　　]

② 満20才以上の男子は兵士になることとした。

[　　　　]

③ 国会の開設と，国民が政治に参加する権利を求める動きが広まった。　[　　　　]

④ 土地の所有者に，土地の価格に応じて現金を納めさせた。　[　　　　]

⑤ 産業をさかんにするために，各地に国費で工場を建設した。　[　　　　]

ア 殖産興業　　**イ** 徴兵令　　**ウ** 自由民権運動
エ 大日本帝国憲法　　**オ** 地租改正

日清戦争・日露戦争

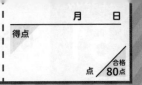

1 右の年表を見て，次の問いに答えましょう。

(1) (①)～(④)にあては
まることばを，あとの**ア**
～**カ**から１つずつ選びま
しょう。(40点) 1つ10

① [　　　　] ② [　　　　]

③ [　　　　] ④ [　　　　]

ア 日露（にちろ）　　**イ** 日清（にっしん）

ウ ノルマントン号

エ 日米（にちべい）　　**オ** 韓国（かんこく）

カ 中国

年代	できごと
1858	不平等な条約を結ぶ
1886	(①)事件がおこる
1894	**A** 領事裁判権（りょうじさいばんけん）(治外法（ちがいほう）権（けん）)の撤廃（てっぱい） (②)戦争がおこる
1904	(③)戦争がおこる
1910	(④)を併合（へいごう）する
1911	**B** 関税自主権（かんぜいじしゅけん）の回復

(2) ②の戦争で得た賠償金（ばいしょうきん）の一部を使って北九州につくられ
た製鉄所を何といいますか。(15点)　[　　　　　　　　　　]

(3) ③の戦争のとき，右の詩を発
表した人の名まえを答えまし
ょう。(15点) [　　　　　　　]

(4) 下線部**A**・**B**に成功したとき
の外務大臣の名まえをそれぞ
れ答えましょう。(30点) 1つ15

A [　　　　　　　　　　]

B [　　　　　　　　　　]

あゝをとうとよ　君を泣く
（あ）（お）
君死にたまふことなかれ
（う）
末に生れし君なれば
（うま）
親のなさけはまさりしも
親は刃をにぎらせて
（やば）
人を殺せとをしへしや
人を殺して死ねよとて
（お）（え）
二十四までをそだてしや

答えは119ページ

戦争への道

1 右の年表を見て，次の問いに答えましょう。

(1) 次の文は年表中の**ア～ウ**のどのできごとですか。(20点) 1つ10

① ドイツがイギリスなどと戦争を始めた。

［　　　　　　］

② 日本軍が南満州の鉄道の線路を爆破した。

［　　　　　　］

年代	できごと
1931	ア満州事変がおこる
1937	イ日中戦争が始まる
1939	ウ第二次世界大戦が始まる
1940	A日本が軍事同盟を結ぶ
1941	（　B　）戦争が始まる
1945	Cアメリカ軍が原子爆弾を投下する

(2) 年表中の**A**について，日本が同盟を結んだ国を2つ答えましょう。(20点) 1つ10　［　　　　　］［　　　　　］

(3) 年表中の**B**にあてはまることばを答えましょう。(15点)

［　　　　　　］

(4) 次の［ ］にあてはまることばを答えましょう。(15点)

1945年3月以降，［　　　　　　］にアメリカ軍が上陸し，激しい地上戦が行われました。

(5) 年表中の**C**について，次の①・②の日に原子爆弾が投下された都市名をそれぞれ答えましょう。(30点) 1つ15

① 8月6日［　　　　　］　② 8月9日［　　　　　］

日本の民主化政策

1 日本の民主化政策について，次の問いに答えましょう。

(1) 連合国軍による戦後改革では，どのような改革が行われ
ましたか。正しいものには○を，誤っているものには×
をつけましょう。(40点) 1つ10

① 軍隊の解散 [　　　　] 　② 政党の復活 [　　　　]
③ 廃藩置県 [　　　　] 　④ 地租改正 [　　　　]

(2) 次の [ ] にあてはまることばを答えましょう。(30点) 1つ10

① 選挙法が改正され，満 20 オ以上で，男性だけでな
く [　　　　　] にも選挙権があたえられた。

② 教育制度が改革され，義務教育が [　　　　] 年間にな
り，男女共学となった。

③ 労働組合の結成が認められるなど，[　　　　　] の
権利が保障された。

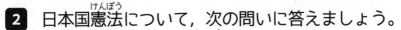

戦争のない平和な
国をめざしたよ。

2 日本国憲法について，次の問いに答えましょう。

(1) 日本国憲法が公布と施行された年月日をそれぞれ西暦で
答えましょう。(20点) 1つ10

公布 [　　　　　　　　　]

施行 [　　　　　　　　　]

(2) 日本国憲法において，主権をもっているのはだれですか。

[　　　　　　] (10点)

日本の国際社会への復帰

1 次の問いに答えましょう。

(1) 次の文にあてはまる条約を，あとの**ア〜ウ**から｜つずつ
選びましょう。(30点) 1つ10

① アメリカ軍が日本にとどまることを認（みと）めた。[　　　]

② 日本が独立を回復した。[　　　]

③ 中国と日本の関係が深まった。[　　　]

ア サンフランシスコ平和条約　　**イ** 日米安全保障条約（にちべいあんぜんほしょう）

ウ 日中平和友好条約

(2) 1950年，アメリカが支援（しえん）する韓国（かんこく）と，ソ連が支援す
る北朝鮮（きたちょうせん）が対立して始まった戦争を何といいますか。

[　　　　　　　] (20点)

2 次の文の[　]にあてはまることばを答えましょう。

(50点) 1つ10

(1) 1956年，日本と[① 　　　　　]との国交が回復し，日
本の[② 　　　　　]への加盟（かめい）が実現した。

(2) 1964年，東京でアジア初の[　　　　　　　]
が開催（かいさい）された。

(3) 1950年代中ごろから，日本経済（けいざい）は急速に発展（はってん）し，
[① 　　　　　]が始まり，白黒テレビなどの
[② 　　　　　]とよばれた家電が広まった。

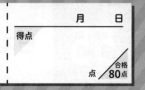
1 次の問いに答えましょう。

(1) 次の国の正式名称を答えましょう。(30点) 1つ15

① 韓国 [　　　　　　　　]　　② 中国 [　　　　　　　　　　　]

(2) 次の文はどこの国を説明していますか。その国旗を，あとの**ア〜エ**から１つずつ選びましょう。(30点) 1つ10

① 約14億人の人口をもつ。　　　　　　　　[　　　]

② 日本に最も近い国である。　　　　　　　[　　　]

③ 日本と安全保障条約を結んでいる。　　　[　　　]

ア　　　　　　イ　　　　　　ウ　　　　　　エ

2 次のグラフの**A・B**には，アメリカ，中国のどちらかがあてはまります。**A・B**がどちらの国か答えましょう。

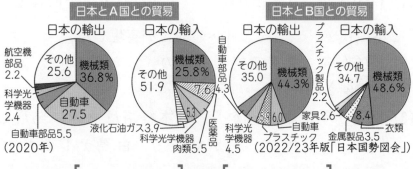

日本とA国との貿易

日本の輸出
航空機部品2.2
科学光学機器2.4
その他 25.6
機械類 36.8%
自動車 27.5
自動車部品5.5
(2020年)

日本の輸入
自動車部品4.3
機械類 25.8%
その他 51.9
7.6
5.3
液化石油ガス3.9
科学光学機器
肉類5.5
医薬品

日本とB国との貿易

日本の輸出
プラスチック製品2.2
その他 35.0
機械類 44.3%
5.9
6.0
自動車
家具2.6
科学光学機器4.5
プラスチック

日本の輸入
その他 34.7
機械類 48.6%
8.4
金属製品3.5
衣類
(2022/23年版「日本国勢図会」)

A [　　　　　　]　B [　　　　　　]　(40点) 1つ20

日本と国際社会

1 次の地図中の**A～D**の国名を，あとの**ア～カ**から1つずつ選びましょう。（40点）1つ10

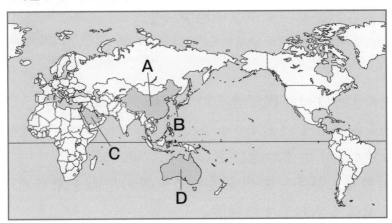

A[　　] B[　　] C[　　] D[　　]

ア 中国　**イ** アメリカ　**ウ** 韓国（かんこく）　**エ** カナダ
オ サウジアラビア　　**カ** オーストラリア

2 国際社会について，次の文にあてはまることばを答えましょう。（60点）1つ20

❶ 平和や環境（かんきょう），人権（じんけん）などの問題を守るために活動する民間の団体。[　　　　　　]

❷ 地球環境を守り，限りある資源（しげん）を有効に活用していく社会。[　　　　　　]

❸ 政府が，支援（しえん）を必要とする国に対して行う資金や技術の援助。[　　　　　　]

1 国際連合について, 次の問いに答えましょう。

(1) 右のグラフについて, 日本にあて
はまるものを, グラフ中の**ア〜エ**
から1つ選びましょう。(20点)

[　　　]

国連分担金の国別割合

ア 22.0%
イ 15.3
ウ 8.0
エ 6.1
イギリス4.4
その他 44.2
(2022〜24年)
(2022/23年版「日本国勢図会」)

(2) 次の①〜③は, 国際連合のどの機
関を説明していますか。あとの**ア
〜オ**から1つずつ選びましょう。(45点) 1つ15

① 教育・科学・文化を通して世界の平和を求める心を
育てる活動をする機関。 [　　　]

② 世界の平和と安全を守るためにさまざまな働きをす
る機関。 [　　　]

③ 子どもの生存・発達・保護を基本的な権利と考え,
子どもの成長を守るための活動をする機関。[　　　]

ア 国際司法裁判所　　**イ** ユネスコ　　**ウ** ユニセフ
エ 安全保障理事会　　**オ** 国連難民高等弁務官事務所

(3) 2022年11月現在, 国際連合の加盟国数に最も近いも
のを, 次の**ア〜エ**から1つ選びましょう。(15点) [　　　]
ア 100　　**イ** 150　　**ウ** 200　　**エ** 250

(4) 2015年, 国際連合の総会で採択された「持続可能な
開発目標」をアルファベットで何といいますか。(20点)

[　　　]

答えは120ページ☞

もののえ方と空気 ①

1 ねんどの上にのせた底のない集気びんの中でろうそくを 燃やしました。次の問いに答えましょう。(100点) 1つ20

(1) 集気びんの口にふたをすると，ろうそくはどうなります か。　　　　　　　　　　　　　　[　　　　　　　]

(2) 集気びんの口にせんこうのけむりを近づけると，けむり はどのように動き ますか。右から１ つ選びましょう。

[　　　]

ア　　　　イ　　　　ウ

ねんど

(3) けむりの動くようすから，何の流れがわかりますか。

[　　　　　　　]

(4) ねんどに切れこみを入れて，底にすきまをつくりました。 集気びんの口やすきまにせんこうのけむりを近づけると， けむりはどのように動きますか。次から１つ選びましょ う。

[　　　]

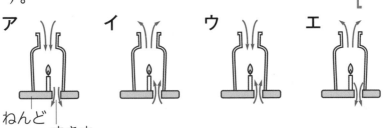

ア　　　　イ　　　　ウ　　　　エ

ねんど

すきま

(5) (4)のろうそくはどうなりますか。 [　　　　　　　]

ものの燃え方と空気 ②

1 次の問いに答えましょう。

(1) 右の図は，空気の成分の体積での割合を表しています。A，Bの気体は何ですか。(20点) 1つ10

その他

A [　　　　　　] B [　　　　　　]

(2) 集気びんの中に火のついたろうそくを入れ，しばらくすると火が消えました。はじめと比べて，ふえた気体と減った気体は何ですか。

ふえた気体 [　　　　　　]

(20点) 1つ10

減った気体 [　　　　　　]

(3) (2)のあと，集気びんからろうそくを出し，石灰水を入れてふるとどうなりますか。(20点)

[　　　　　　　　　　　　　　　　　　　]

(4) 気体の体積の割合を調べるときに使う，右の図のCの器具を何といいますか。(20点)

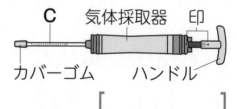

C　気体採取器　印
カバーゴム　　ハンドル

[　　　　　　　　　　]

(5) 酸素が入った集気びんの中に火のついたろうそくを入れると，ろうそくはどうなりますか。(20点)

[　　　　　　　　　　　　　　　　　　　]

答えは121ページ

人や動物のからだ ①

1 次の問いに答えましょう。

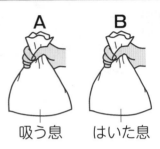

A　B

吸う息　　はいた息

(1) ポリエチレンのふくろ**A**には吸う息（まわりの空気）を入れ，ふくろ**B**には息をふきこみました。ふくろ**A**，**B**にそれぞれ石灰水（せっかいすい）を加えてよくふると，石灰水はどうなりますか。（20点）1つ10

A [　　　　　　　　]　B [　　　　　　　　　]

(2) (1)の結果からわかることについて，[　]にことばを書きましょう。（10点）

はく息には，吸う息よりも [　　　　　　　] が多くふくまれている。

(3) 次の図は，人とフナの呼吸（こきゅう）に関係するつくりを表しています。それぞれの名まえを [　] に書きましょう。
（30点）1つ10

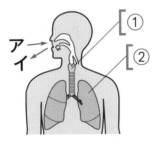

ア
イ

[① 　　　　　]
[② 　　　　　]

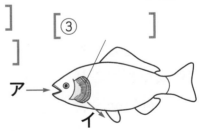

[③ 　　　　　]

ア→
イ

(4) 上の図で，人とフナがとり入れている気体**ア**，出している気体**イ**は何ですか。（40点）1つ20

ア [　　　　　　　　]　イ [　　　　　　　　　]

人や動物のからだ ②

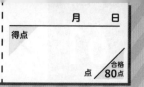

1 下の図は，人のからだのつくりを表しています。それぞれの臓器の名まえを[　]に書きましょう。（60点）1つ10

場所をよく確認しよう。

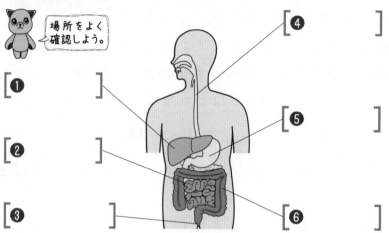

[④　　　　]

[①　　　　]

[⑤　　　　]

[②　　　　]

[③　　　　]

[⑥　　　　]

2 人の消化のはたらきについて，次の[　]にことばを書きましょう。（40点）1つ8

(1) 口からこう門までの食べ物の通り道を[①　　　　　　　]という。また，その通り道の間で出される食べ物を消化するはたらきをもつ液のことを[②　　　　　]といい，胃液などはこれにあたる。

(2) 口では，食べ物が歯でかみくだかれると[①　　　　　]のはたらきにより，食べ物にふくまれる[②　　　　]が別のものに変わる。

(3) 消化された食べ物の養分は，おもに[　　　　　]で吸収される。

答えは121ページ ☞

人や動物のからだ ③

1 次の[　]にことばや記号を書きましょう。(80点) 1つ10

(1) 肺からとり入れられた[① 　　　　]や，小腸で吸収され
た養分などは，血液にとけて全身に運ばれる。また，体
内でできた不要なものや，[② 　　　　]なども血
液にとけて肺まで運ばれる。

(2) 血液は[① 　　　　]のはたらきで全身に
送り出され，各部分に酸素や養分をわた
し，二酸化炭素を受けとって[①]にも
どる。そして，[② 　　　　]に送られて二
酸化炭素が酸素と入れかわり，[①]に
もどってふたたび全身に送り出される。

(3) 図のア〜エで，酸素が多くふくまれてい
る血液は，[① 　　]と[② 　　]，二
酸化炭素が多くふくまれている血液は，[③ 　　]と
[④ 　　]である。

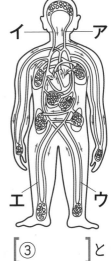

2 次のはたらきをする臓器の名まえをそれぞれ答えましょ
う。(20点) 1つ10

❶ 小腸で吸収された養分をたくわえたり，必要があればた
くわえた養分を全身に送り出す。　　　　　[　　　　]

❷ 血液の中から，体内でいらなくなったものをとりのぞい
て，にょうをつくる。　　　　　[　　　　]

1 次の図は，地球から見た月と太陽の位置関係を表しています。地球から見える月の形をあとの**ア〜カ**から選びましょう。（40点）1つ8

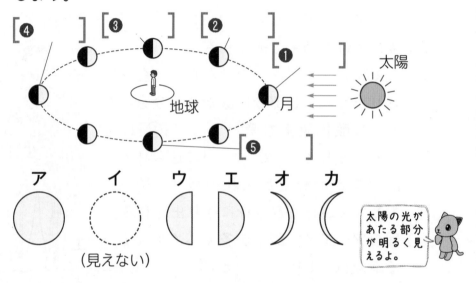

（見えない）

太陽の光があたる部分が明るく見えるよ。

2 表の❶〜❻にあてはまる月と太陽の特徴をあとの**ア〜カ**から選びましょう。（60点）1つ10

	月	太陽
形	❶	❷
光り方	❸	❹
表面のようす	❺	❻

ア 強い光を出している。　**イ** クレーターがある。

ウ 自分でかがやいている。**エ** 自分で光を出していない。

オ 球形　　　　　　　　　**カ** 星形

答えは122ページ

1 ある晴れた日に，次の実験を行いました。これについて，あとの問いに答えましょう。

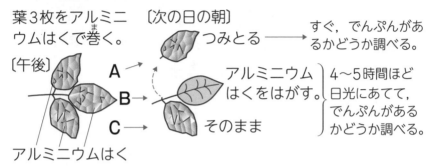

葉3枚をアルミニウムはくで巻く。

〔次の日の朝〕

つみとる ─→ すぐ，でんぷんがあるかどうか調べる。

〔午後〕 A →

B → アルミニウムはくをはがす。 ⎫
　　　　　　　　　　　　　　　　　⎬ 4〜5時間ほど日光にあてて，でんぷんがあるかどうか調べる。
C → そのまま ⎭

アルミニウムはく

(1) 次の[　]にことばを書きましょう。(80点) 1つ20

　　葉にでんぷんがあるかどうかを調べるとき，まず，葉をやわらかくするために，葉を[① 　　　　　　　]に入れる。次に，この葉をあたためたエタノールにつける。エタノールにつけるのは，葉の[② 　　　　　　　]ためである。その後，水で洗ってから葉を[③ 　　　　　]につける。でんぷんがある場合，[④ 　　　　　]色に変わる。

(2) でんぷんがあるかどうかを調べたとき，葉A〜Cで，葉にでんぷんができているものはどれですか。A〜Cから選びましょう。(10点)　　　　　　　　[　　　　]

(3) この実験の結果から考えて，植物がでんぷんをつくるためには，何が必要であることがわかりますか。(10点)

[　　　　]

植物のからだと水の通り道

1 食紅液を入れたフラスコにホウセンカをさしてしばらく置くと，赤くそまりました。次の問いに答えましょう。

だっし綿

食紅液

(1) 根，くき，葉のつけ根をそれぞれ横に切ったときの，切り口のようすはどれですか。それぞれア，イから正しいほうを選びましょう。（30点）1つ10

根 [　　　]　　　くき [　　　]　　　葉のつけ根 [　　　]

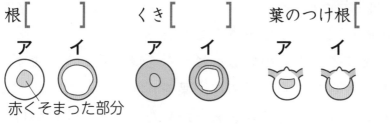

赤くそまった部分

(2)(1)で赤くそまった部分は，何の通り道ですか。（10点）

[　　　]

(3) 次の日，フラスコの中の食紅液の量はどうなりましたか。次から選びましょう。（20点）

[　　　]

ア ふえた　　イ 減った　　ウ 変わらない

(4) 次の [ ] にことばを書きましょう。（40点）1つ10

　根からとり入れられたあと，[①　　　　　]を上がってきた水は，おもに [②　　　　　]の表面にある小さな穴から [③　　　　　]になって出ていく。植物のからだから水が [③] になって出ていくことを [④　　　　　]という。

答えは122ページ

生き物と水・空気

1 次の問いに答えましょう。(70点) 1つ10

(1) 人のからだにはどのくらいの水がふくまれていますか。
次から選びましょう。　　　　　　　　　[　　　　]
　ア 20〜30％　　イ 40〜50％　　ウ 60〜70％

(2) 次の図は，生き物と空気の関係を表しています。[　]
に入る適当な気体の名まえを書きましょう。

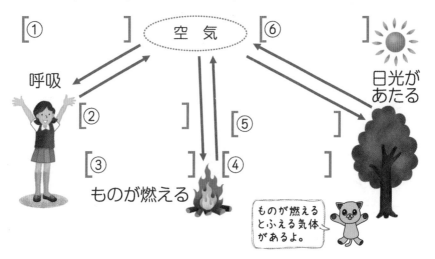

2 次の文のうち，正しいものには○を，まちがっているものには×を書きましょう。(30点) 1つ10

❶ 人や動物，植物は，水をとり入れないと生きていくことができない。　　　　　　　　　　[　　　　]

❷ 人や動物，植物は，とり入れた水をずっとからだの中にたくわえ続けている。　　　　　[　　　　]

❸ 空気中の酸素はなくならない。　　　　[　　　　]

生き物のつながり

1 次の問いに答えましょう。(60点) 1つ20

(1) 次の**ア～エ**の生き物を，食べられるものから食べるものの順になるように記号をならべましょう。

[　　→　　→　　→　　]

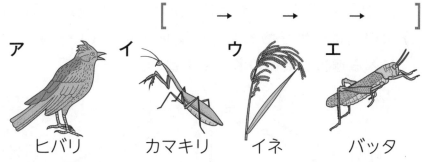

ア ヒバリ　　イ カマキリ　　ウ イネ　　エ バッタ

(2) 生き物の間の，「食べる・食べられる」という関係のつながりを何といいますか。　　　　[　　　　]

(3) 動物の食べ物のもとをたどると，何にいきつきますか。次の**ア～ウ**から選びましょう。　　　　[　　]

ア ほかの動物　　**イ** 植物　　**ウ** 水

2 次の文のうち，正しいものには○を，まちがっているものには×を書きましょう。(40点) 1つ10

❶ 植物は自分で養分をつくることができる。　　[　　]

❷ 肉食動物は他の動物を食べて養分にしている。[　　]

❸ 動物は，植物がなくても生きていくことができる。

[　　]

❹ 池にすむ魚はえさをやらなくても育つ。　　[　　]

答えは122ページ

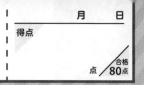

69 てこのはたらき

月　　　日

得点

点／合格80点

1 次の問いに答えましょう。(60点) 1つ10

(1) 下のてこの図で，**A～C**の点は支点(**ア**)・力点(**イ**)・作用点(**ウ**)のどれを示していますか。[　]に記号を書きましょう。

A[　　] 　　　 B[　　] 　　　 C[　　]

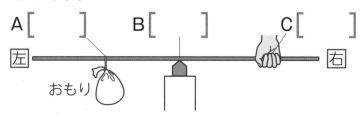

おもり

左　　　　　　　　　　　　　　　　　　　右

(2) 上のてこの図で，おもりを楽に持ち上げるようにするにはどうすればよいですか。右または左で答えましょう。

① **A**点(おもりの位置)を[　　　　]へ動かす。

② **B**点を[　　　　]へ動かす。

③ **C**点(手の位置)を[　　　　]へ動かす。

2 てこがつりあうように，[　]にあてはまる数を求めましょう。糸や棒の重さは考えません。(40点) 1つ20

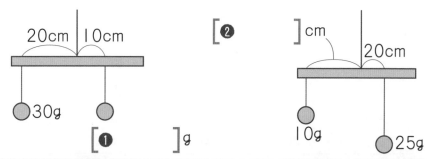

20cm　10cm

30g

❷

[　　]cm

20cm

10g

25g

[❶　　　　]g

水溶液の性質 ①

1 リトマス紙について，次の問いに答えましょう。

(1) リトマス紙の色の変化を表にまとめています。①～③に水溶液の性質を書きましょう。(15点) 1つ5

リトマス紙の色の変化		性質(酸性・中性・アルカリ性)
赤 色→赤 色	青 色→赤 色	①
赤 色→赤 色	青 色→青 色	②
赤 色→青 色	青 色→青 色	③

(2) リトマス紙の正しい使い方について，次の[ ]に入ることばを書きましょう。(10点) 1つ5

　　リトマス紙は，手であつかわずに[① 　　　　　　]を使って持つようにする。また，[② 　　　　　　]を使って，少量の水溶液をリトマス紙につける。

2 次の❶～❾には色を，❿～⓯には水溶液の性質を書きましょう。(75点) 1つ5

	リトマス紙の色の変化		性 質 (酸性・中性・アルカリ性)
	赤 色	青 色	
塩 酸	赤 色	❶	❿
水酸化ナトリウム水溶液	❷	❸	⓫
食 塩 水	赤 色	❹	⓬
石灰水	❺	青 色	⓭
炭 酸 水	❻	❼	⓮
アンモニア水	❽	❾	⓯

答えは123ページ

水溶液の性質 ②

月　日

得点

点／合格 80点

1 次の問いに答えましょう。（60点）1つ10

(1) 表の中でそれぞれの水溶液に金属がとけるものには○を，とけないものには×を書きましょう。

	塩　酸	水酸化ナトリウム水溶液
アルミニウム	①	②
鉄	③	④

(2) 次の[　]に入ることばを書きましょう。

① 水溶液に金属がとけると，[　　　　　　]が出る。

② 金属がとけた液から水を蒸発させてとり出した固体は，もとの金属と性質は[　　　　　　　]。

2 図のような実験をして，水溶液の性質について調べました。次の問いに答えましょう。

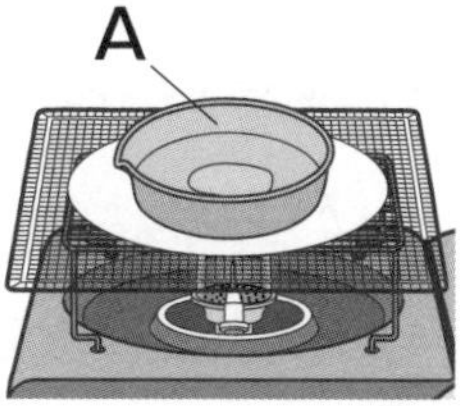

(1) 図の実験器具**A**の名まえを答えましょう。（10点）　[　　　　　　]

A

(2) 実験器具**A**に水溶液を少し入れて加熱し，水分を蒸発させます。あとに何も残らない水溶液を次の**ア〜ウ**から2つ選びましょう。（20点）1つ10

[　　　][　　　]

ア 塩酸　　**イ** 食塩水　　**ウ** 炭酸水

(3) 炭酸水にとけている気体を調べるにはどんな薬品を使えばわかりますか。（10点）　[　　　　　　]

地層のでき方

1 地層がなぜしま模様になっているかを調べる実験について，次の[　]に入ることばを書きましょう。

(1) 図のように，砂，どろをまぜた土をといに置き，水を流して容器に流しこむ。容器の中では，まず[①　　　　]がしずみ，続いて[②　　　　]が積もる。(20点) 1つ10

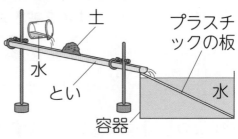

土
プラスチックの板
水
とい
水
容器

(2) くり返し，砂とどろをまぜた土を流しこむと，容器にはしま模様ができる。このことから，地層は[①　　　　]のはたらきによって土が流され，つぶの[②　　　　]によって，層になって積み重なることでしま模様になることがわかる。(20点) 1つ10

(3) 地層の中から大昔の貝や魚の[　　　　]が見つかることがある。(10点)

(4) 地層は，火山のふん火でふき出される[　　　　]が積もることによってできることもある。(20点)

(5) 積み重なったれき・砂・どろなどは，それらの重みにより長い時間をかけて固まって岩石となる。れきが固まってできる岩石を[①　　　　]，砂が固まってできる岩石を[②　　　　]，どろが固まってできる岩石を[③　　　　]という。(30点) 1つ10

答えは123ページ☞

火山・地震と土地の変化

1 火山活動による土地の変化について，次の[　]に入ることばを書きましょう。(60点) 1つ20

　火山の[①　　　　]が起こると，火口から[②　　　　]が流れ出したり，空気中に火山ガスや[③　　　　]がふき出したりして，山ができたり，湖ができたりするなど土地が変化することがある。

〈有珠山のふん火〉

2 地震による土地の変化について，次の[　]に入ることばや記号を書きましょう。(40点) 1つ10

　地震が起こると，[①　　　　]という土地のずれや地割れが生じたり，火災が発生したり，山のしゃ面がくずれる[②　　　　]が生じたりして土地が変化することがある。また，地震が海底で起こると[③　　　　]が発生して，建物などが流されることがある。

　右の写真は，1995年に起こった地震による被害のようすの1つである。この地震は，次のア～エのうち，[④　　　]とよばれている。

ア 関東地震　　　　**イ** 熊本地震

ウ 兵庫県南部地震　　**エ** 東北地方太平洋沖地震

電気の利用 ①

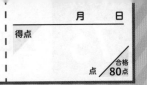

1 次の問いに答えましょう。(60点) 1つ20

(1) 右の図のように，豆電球につないだ
手回し発電機のハンドルを回しまし
た。豆電球はどうなりますか。

[　　　　　　　　　]

豆電球

手回し
発電機

(2) (1)でハンドルを回すのをやめると，
豆電球はどうなりますか。

[　　　　　　　　　]

(3) 上の図の豆電球をコンデンサー(ち
く電器)につなぎかえて，手回し発
電機のハンドルをしばらく回したあ
と，右の図のように，コンデンサー
にモーターをつなぐと，モーターは
どうなりますか。　[　　　　　]

コンデンサー

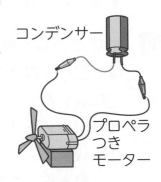

プロペラ
つき
モーター

2 次の操作で，電気は何に変わりましたか。あとの**ア〜ウ**
から選びましょう。(40点) 1つ20

❶ 電子オルゴールをつないだ手回し発電機のハンドルを回
すと，電子オルゴールが鳴った。　　　　[　　　]

❷ 電熱線につないだ手回し発電機のハンドルを回すと，電
熱線が発熱した。　　　　　　　　　　　[　　　]

ア 光　**イ** 熱　　**ウ** 音

答えは124ページ

1 次の問いに答えましょう。(60点) 1つ20

(1) 光電池(太陽電池)は、どのようにすると電気をつくることができますか。 [　　　　　　　　　　　]

モーター

光電池

(2) 右の図のように、光電池をモーターにつなぎました。次の①、②のようになるのは、光電池をあとの**ア～エ**のどのようにしたときですか。記号を書きましょう。

① モーターがいちばんはやく回る。 [　　　]

② モーターが回らない。 [　　　]

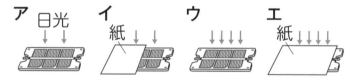

ア 日光　　**イ** 紙　　**ウ**　　**エ** 紙

2 次の❶～❹にあてはまる器具をあとの**ア～エ**から選びましょう。(40点) 1つ10

❶ 電気を光に変えて利用する器具 [　　　]

❷ 電気を音に変えて利用する器具 [　　　]

❸ 電気を熱に変えて利用する器具 [　　　]

❹ 電気を運動に変えて利用する器具 [　　　]

ア ドライヤー　　**イ** 電子オルゴール
ウ モーター　　**エ** かい中電灯

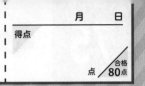
私たちの生活と環境

1 次の図は，水のじゅんかんについて表しています。[　]にはいることばを書きましょう。（20点）1つ10

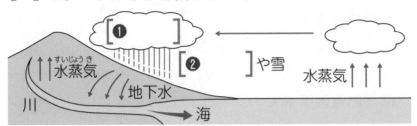

すいじょうき
水蒸気

地下水

川

海

水蒸気

[❶]

[❷]や雪

2 地球の環境問題について，正しいものには○を，まちがっているものには×を書きましょう。（60点）1つ20

❶ 海に流れてしまったプラスチックをえさとまちがって魚が食べてしまう。　　　　　　　　　　　　　　[　　]

❷ 二酸化炭素が原因で，地球の気温が下がる。　[　　]

❸ 工場やガソリン自動車から出るはい気ガスが原因で，酸性雨がふる。　　　　　　　　　　　　　　　　[　　]

3 環境をまもるための取り組みについて正しいものは何ですか。次から選びましょう。（20点）　　　　　　[　　]

ア たくさんの森林をばっ採する。

イ 水力発電や風力発電の発電量をふやす。

ウ よごれた水を下水道に集め，直接海や川に流す。

エ 生き物の種類をふやすために，もともと住んでいる場所とは別の場所にもちこむ。

答えは124ページ ☞

1 次の漢字の読み方をひらがなで書きましょう。(40点) 1つ5

① 砂場 [　　　　　]　② 並木 [　　　　　]

③ 俳優 [　　　　　]　④ 翌日 [　　　　　]

⑤ 親展 [　　　　　]　⑥ 寸法 [　　　　　]

⑦ 諸君 [　　　　　]　⑧ 指揮者 [　　　　　]

2 次の──線の言葉を漢字で書きましょう。送りがなのつく字は、送りがなもつけましょう。(60点) 1つ6

① 皿を<u>わる</u>。　　　　　　　　[　　　　　　　　]

② 箱を<u>ほうそう</u>する。　　　　[　　　　　　　　]

③ <u>げきやく</u>をあつかう。　　　[　　　　　　　　]

④ 活<u>だんそう</u>に注目する。　　[　　　　　　　　]

⑤ 花を<u>とどける</u>。　　　　　　[　　　　　　　　]

⑥ 時を<u>きざむ</u>。　　　　　　　[　　　　　　　　]

⑦ 毛布を<u>ほす</u>。　　　　　　　[　　　　　　　　]

⑧ 勇気を<u>ふるって</u>言う。　　　[　　　　　　　　]

⑨ <u>たまご</u>を産む。　　　　　　[　　　　　　　　]

⑩ <u>まちがこ</u>を<u>みとめる</u>。　　[　　　　　　　　]

2

次の――線の言葉を漢字で書きましょう。送りがなのつく字は、送りがなもつけて書きましょう。(60点) 1つ6

① 法のさばきを受ける。

② 信号無視はあぶない。

③ 命令にしたがう。

④ 容器をみつける。

⑤ うたがいを晴らす。

⑥ 会長にしゅうにんする。

⑦ 思うぞんぶんに遊ぶ。

⑧ 魚のむれが上がる。

⑨ のうかの人が参加する。

⑩ 木の実をさがす。

[ ]
[ ]
[ ]
[ ]
[ ]
[ ]
[ ]
[ ]
[ ]
[ ]

1

次の漢字の読み方をひらがなで書きましょう。(40点) 1つ5

① 気象庁 [ ]

② 聖域 [ ]

③ 皇太后 [ ]

④ 余興

⑤ 著作権 [ ]

⑥ 内訳

⑦ 蒸留水 [ ]

⑧ 忠誠

1 次の文章を読んで、あとの問いに答えましょう。

「ではみなさんは、そういうふうに川だといわれたり、乳の流れたあとだといわれたりしていた、このぼんやりと　A　ものがほんとうは何か、承知ですか」先生は、黒板につるした大きな黒い星座の図の、上から下へ　B　くけぶった銀河帯のようなところを指しながら、みんなに問いをかけました。

　カムパネルラが手をあげました。それから四、五人手をあげました。ジョバンニも手をあげようとして、急いでそのままやめました。たしかにあれがみんな　C　だと、いつか雑誌で読んだのでしたが……（後略）

（宮沢賢治「銀河鉄道の夜」）

(1)　A　・　B　には同じ漢字一字があてはまります。その漢字を書きましょう。(25点)

(2)　C　にあてはまる漢字一字を書きましょう。(25点)

(3)　——線とありますが、それはなぜですか。(50点)

[　　　　　　　　　　　　　　　]

1 次の文章を読んで、あとの問いに答えましょう。

好きな流れのそばにすんでいる魚も、季節や親だちにひかれて海に出ることがある。だがこの魚やおや親だち

は、海に出た父はは出てもどってきた父はいつも、変わったようにはやがてはまた広い海へと旅立ってしまう。

海にすむ魚はは、人間の住んでもどってきて、おとなの魚に海に住んでいる魚も、広い海に住んでいると、漁師にもてくる。

潮の流れが速くても、岩かげに身をひそめながら、漁師に子供のころから海のおそろしさを知らないことはだった。

その先に漁師にとって、①その先にある海を思い出したに違いない。

②その顔は、③たいくつそうな表情でもあった。

「海に出ようなんて思ってしまった時は、

（立松和平「この海」）

(1) ——線①「と」は、過去のいつのことですか、それとも未来のことですか。（30点）

[　　　　　　]

(2) ——線②「たいくつそうな」とは、どういう意味ですか。（40点）

[　　　　　　]

(3) ——線③「こうして」とは、本文中で何が書けこと何を指していますか。四字でぬき出して書きましょう。（30点）

説明文を読む ①

1 次の文章を読んで、あとの問いに答えましょう。

　木型は、鋳物を作るときに使う。いろいろな機械の部品には、鉄を溶かして作ったものが多い。(中略)鉄を溶かして、ある形にするためには、一般には砂型を使う。その砂型のもとになるのが木型である。　A　、木型は鋳物の原型である。　B　、お寺の鐘を作るとしたら、お寺の鐘と同じものを、まず木で作る。その木の内外を砂で固めたら、木型を抜きとる。すると、砂の空洞になった部分は、鐘の形をしている。それを砂型という。砂型に、溶けた鉄を流しこめば、鐘を作ることができる。

（小関智弘「ものづくりに生きる」）

(1) 鋳物を作る手順をまとめた次の文の〔　〕にあてはまる言葉を書きましょう。(50点 一つ10)

・同じ形のものを〔 ① 　　　〕で作る。＝〔 ② 　　　〕

・②の内外を〔 ③ 　　　〕で固める。

・②を抜きとると空洞になっている。＝〔 ④ 　　　〕

・④に溶けた〔 ⑤ 　　　〕を流しこむ。

(2) 　A　・　B　にあてはまる言葉を次から選んで、記号で答えましょう。(50点 一つ25)　　　　A〔　　〕　B〔　　〕

ア だから　　イ といって　　ウ しかし　　エ たとえば

1 次の文章を読んで、あとの問いに答えましょう。（一つ50点）100点

日本人は鏡の前でもっとも自我が弱くあらわれるといわれる。西洋人の場合、鏡をのぞきこんで目を見つめるとき、もっとも自我が強くあらわれるという。それが、日本人ではちょうど逆になっているわけで、目を見ながら、自我を抑えて、いわば相手の視線へ自我が強くよりかかって目を見る、という結果にこそ、そのようなことがいえるのではないか。

目を見せ合わせて目を伏す仕草でもあるのか、話をするときにも目をそらすということになり、そういう　□　になるというわけで、「目上の人に視線を向けるのは失礼である」というところにも、日本人の反応は自我が強くよりかかって目を見つめるというところにも。

（赤瀬川原平「目玉の学校」）

(1) □にあてはまる言葉を、本文中の言葉を使って七字で書きましょう。

（答えのマス目）

(2) ──線①「そのよう」とは、どのようなことを指していますか。本文中の言葉を使って書きましょう。

82

1 次の漢字の読み方をひらがなで書きましょう。(40点) 1つ5

❶ 興奮 [　　　　]　　❷ 推測 [　　　　]

❸ 憲法 [　　　　]　　❹ 我々 [　　　　]

❺ 胸囲 [　　　　]　　❻ 体操 [　　　　]

❼ 養蚕 [　　　　]　　❽ 首脳 [　　　　]

2 次の――線の言葉を漢字で書きましょう。送りがなのつく字は、送りがなもつけましょう。(60点) 1つ6

❶ してつを利用する。[　　　　　　　　　]

❷ 仕事をぶんたんする。[　　　　　　　　　]

❸ ゆうぐれ時に帰宅する。[　　　　　　　　　]

❹ けんかをちゅうさいする。[　　　　　　　　　]

❺ 親をうやまう。[　　　　　　　　　]

❻ りこてきな考え。[　　　　　　　　　]

「つとめる」語は同音異義語に注意。

❼ 役所につとめる。[　　　　　　　　　]

❽ きんにくをきたえる。[　　　　　　　　　]

❾ 水がたれる。[　　　　　　　　　]

❿ 宿題をわすれる。[　　　　　　　　　]

月　日

得点

合格70点　点

1 次の漢字の読み方を、ひらがなで書きましょう。
（40点）
5つ1

1 規模［　　　　］　2 警護［　　　　］

3 負傷［　　　　］　4 群衆［　　　　］

5 磁石［　　　　］　6 従覧［　　　　］

7 署名［　　　　］　8 冬至［　　　　］

2 次の──線の言葉を漢字で書きましょう。送りがなのつく字は、送りがなも書きつけましょう。
（60点）
6つ1

1 業務はこうりつよくすすめる。

［　　　　　　　　　　　　　］

2 りんじにかんをあける音。

［　　　　　　　　　　　　　］

3 国連にかめいする。

［　　　　　　　　　　　　　］

4 両親をうやまう。

［　　　　　　　　　　　　　］

5 にがいがくを招く。

［　　　　　　　　　　　　　］

6 きびしい練習にたえる。

［　　　　　　　　　　　　　］

7 雨がふる。

［　　　　　　　　　　　　　］

8 今年の冬はあたたかい。

［　　　　　　　　　　　　　］

9 せいいっぱいそなえた地帯だ。

［　　　　　　　　　　　　　］

10 敵にせいいっぱいせんりょくをへらす。

［　　　　　　　　　　　　　］

1 次の詩を読んで、あとの問いに答えましょう。

黒田三郎

　　落ちて来たら

今度は
もっと高く
　A　　B　高く

何度でも
打ち上げよう

美しい
願いごとのように

(1) 　A　・　B　には同じ言葉が入ります。その言葉を詩の中からぬき出して書きましょう。（30点）

[　　　　　　　　　　　]

(2) ——線とありますが、どうしようというのですか。詩の中から一行でぬき出して書きましょう。（30点）

[　　　　　　　　　　　]

(3) この詩の題名として適切なものを次から選んで、記号で答えましょう。（40点）　[　　　]

ア ロケット　　イ 花火
ウ 紙風船　　　エ シャボン玉

1 次の詩を読んで、あとの問いに答えましょう。

峯（みね）の雪

あはれ熊が　たたかれる
閑（かん）ぐらから乗ったまま
雪をかぶって裂（さ）け
ニにニをかきやぶる
そこは　すべって
ふりなって

井伏鱒二（いぶせますじ）

(1) この詩はどの季節を表していますか。次から選んで、記号で答えましょう。(30点)

ア　春
イ　夏
ウ　秋
エ　冬

［　　　］

(2) この詩では何が何をしていますか。(40点)

［　　　　　　　　　　　　　　　　　　　　　　　　　　　　　　　　］

(3) ——線で用いられている表現技法を次から選んで、記号で答えましょう。(30点)

ア　対句法
イ　反復法
ウ　直喩法
エ　隠喩法

［　　　］

1 次の漢字の読み方をひらがなで書きましょう。(40点) 1つ5

❶ 遺作 [　　　　　　] ❷ 視覚 [　　　　　　]

❸ 安否 [　　　　　　] ❹ 郵便 [　　　　　　]

❺ 俳句 [　　　　　　] ❻ 回覧 [　　　　　　]

❼ 検討 [　　　　　　] ❽ 火山灰 [　　　　　　]

2 次の――線の言葉を漢字で書きましょう。送りがなのつく字は、送りがなもつけましょう。(60点) 1つ6

❶ 勝利を<u>おさめる</u>。 [　　　　　　]

❷ 足が<u>いたむ</u>。 [　　　　　　]

❸ <u>むずかしい</u>問題。 [　　　　　　]

❹ お金に<u>こまる</u>。 [　　　　　　]

❺ 店が<u>しまる</u>。 [　　　　　　]

❻ <u>よくばってはいけない</u>。 [　　　　　　]

❼ <u>よこ</u>行こをする。 [　　　　　　]

❽ <u>ほうりつ</u>で決められる。 [　　　　　　]

❾ 顔を<u>あらう</u>。 [　　　　　　]

❿ <u>しゅうかんし</u>を読む。 [　　　　　　]

漢字の読み書き ⑥

月　日
得点　点
合格 70点

1 次の漢字の読み方をひらがなで書きましょう。 5つ1(40点)

① 処世術 [　　　]
③ 立腹 [　　　]
⑤ 枚数 [　　　]
⑦ 沿岸 [　　　]

② 組閣 [　　　]
④ 系統 [　　　]
⑥ 起源 [　　　]
⑧ 画策 [　　　]

2 次の──線の言葉を漢字で書きましょう。へんな字は、送りがなもつけましょう。送りがなのつく字は、送りがなもつけましょう。 6つ1(60点)

① 湖面に雲がうつる。 [　　　]
② 文化にいとなる。 [　　　]
③ 食事をていきょうする。 [　　　]
④ 考え方がおさない。 [　　　]
⑤ いちをそこねたてへる。 [　　　]
⑥ 目的地にいたる道。 [　　　]
⑦ せんもんの書を読む。 [　　　]
⑧ 宿題をすませる。 [　　　]
⑨ ちんせんをはらう。 [　　　]
⑩ 先生をたずねる。 [　　　]

88

熟語の成り立ち ①

月　日

合格70点

得点　点

1 次の熟語の成り立ちをあとから選んで、記号で答えましょう。(70点) 1つ7

❶ 仁愛 [　　]　　❷ 温泉 [　　]　　❸ 天地 [　　]

❹ 投球 [　　]　　❺ 登山 [　　]　　❻ 開閉 [　　]

❼ 言語 [　　]　　❽ 美人 [　　]　　❾ 身体 [　　]

❿ 弱点 [　　]

ア　意味が対になる漢字の組み合わせ

イ　似た意味の漢字の組み合わせ

ウ　上の漢字が下の漢字を修飾する

エ　「〜を」「〜に」にあたる漢字が下にくる

2 次の熟語の成り立ちをあとから選んで、記号で答えましょう。(30点) 1つ6

❶ 新記録 [　　]　　❷ 典型的 [　　]

❸ 衣食住 [　　]　　❹ 一覧表 [　　]

❺ 大自然 [　　]

ア　二字の語の頭に一字を加えた熟語

イ　二字の語の後ろに一字を加えた熟語

ウ　一字の語が集まった熟語

1

次の□の熟語に「不・未・無・非」のどれかをあてはめて三字の熟語にしましょう。(25点) 5つ1

① □可能

② □公式

③ □成年

④ □完全

⑤ □理解

2

次の言葉を四字の漢字で書きましょう。(50点) 10つ1

① いっしょくたんぱつ　［　　　　　］

② しこうさくご　［　　　　　］

③ きしょうてんけつ　［　　　　　］

④ にっしんげっぽ　［　　　　　］

⑤ にっかいっせき　［　　　　　］

3

次の□にそれぞれ同じ漢字を書き入れて、四字熟語を完成させましょう。(25点) 5つ1

① 種□様□

② □以□伝

③ □色□人

④ □発□中

⑤ □義□民

意味は「打ち消す言葉の「不・無・非・未」」

短歌・俳句を読む

1 次の短歌が五・七・五・七・七に分かれるように、〔例〕にならって——線を書き入れましょう。(40点) 1つ10

〔例〕銀も｜金も玉も｜何せむに｜まされる宝｜子にしかめやも

1 人はいさ心も知らずふるさとは花ぞ昔の香ににほひける

2 わが宿のいささ群竹ふく風の音のかそけきこの夕かも

3 駒とめて袖うちはらふ陰もなし佐野のわたりの雪の夕暮れ

4 見渡せば花ももみぢもなかりけり浦の苫屋の秋の夕暮れ

2 次の俳句の季語に——線を引きましょう。また、その季節を書きましょう。(60点) 1つ10

1 朝顔に　つるべとられて　もらひ水　　　[　]

2 長々と　川一すぢや　雪の原　　　[　]

3 荒海や　佐渡によこたふ　天の川　　　[　]

4 五月雨を　集めて早し　最上川　　　[　]

5 菜の花や　月は東に　日は西に　　　[　]

6 赤とんぼ　筑波に雲も　なかりけり　　　[　]

得点
点
合格 70点
月　日

1 次の文の[　]にあてはまる言葉をあとからえらんで記号で答えましょう。(40点) 1つ10

① その村には電気[　]通っていなかった。
　ア だけ　　イ さえ　　ウ すら

② 飲み水[　]あれば生きられる。
　ア さえ　　イ など　　ウ から

③ 寒い上に雪[　]降り出した。
　ア まで　　イ しか　　ウ ので

④ もう食料品は少し[　]残っていない。
　ア だけ　　イ しか　　ウ まで

2 次の文に（　）の意味がそえられるように、一字だけ加えて、文を書き直しましょう。(60点) 1つ20

① カレーを食べます。（相手にたずねる）
[　　　　　　　　　　　　　　　]

② 今日は出かけない。（相手に念をおす）
[　　　　　　　　　　　　　　　]

③ まだ読み終えていない。（いらだちを強める）
[　　　　　　　　　　　　　　　]

反対語

月　日

得点

点／70点

合格

1 次の言葉と反対の意味を持つ言葉を漢字で書きましょう。

(60点) 1つ6

❶ 消費　[　　　　　]　　❷ 洋風　[　　　　　]

❸ 上品　[　　　　　]　　❹ 安全　[　　　　　]

❺ 敗北　[　　　　　]　　❻ 支出　[　　　　　]

❼ 赤字　[　　　　　]　　❽ 許可　[　　　　　]

❾ 有名　[　　　　　]　　❿ 感情　[　　　　　]

2 次のひらがなで書かれている言葉は、反対の意味を持つ
言葉です。それぞれ漢字で書きましょう。 (20点) 1つ5

❶ あくい　←→　ぜんい

[　　　　]　[　　　　　]

❷ からだい　←→　しゅくしょう

[　　　　]　[　　　　　]

3 次の□にそれぞれ同じ漢字を書き入れて、二つの言葉が
反対の意味を持つようにしましょう。 (20点) 1つ5

❶ 安□　←→　□配

❷ 新□　←→　満□

❸ 登□　←→　下□

❹ 美□　←→　欠□

得点

| 合格 70点 | 点 |

月　日

---

1 次の五つの熟語のうち、□の中の漢字がにた意味を持つ二つの熟語を○で囲みましょう。（40点）10こ1

❶ 内容	動作	文明	事件	行動
❷ 所有	関心	住宅（じゅうたく）	保持	住所
❸ 無事	有名	安全	無害	安心
❹ 単調	簡単（かんたん）	貿易	容易	容積

---

2 次の言葉と似た意味を持つ言葉を　　　から選び、漢字に直して書きましょう。（40点）10こ1

❶ 状態　[　　　　]
❷ 的確　[　　　　]
❸ 独自　[　　　　]
❹ 成長　[　　　　]

> はってん　せいかく　ようす　とくちょう　こせい

---

3 次の□にそれぞれ同じ漢字を書き入れて、二つの言葉が似た意味を持つようにしましょう。（20点）4こ1

❶ 使□ ＝ 便□
❷ □利 ＝ 遠□
❸ □材 ＝ 原□
❹ □平 ＝ □正
❺ 対□ ＝ 接□

物語を読む ③

月　日

合格 70点

得点　　　点

1 次の文章を読んで、あとの問いに答えましょう。

　両手を放して、何気なく牛の顔を見た島子は、思わずぎくとはねたように①よろめいた。牛は、目にいっぱいのなみだをためて、真っすぐに②自分を見ていたのだ。気のせいではなかった。こぼれていくなみだが、赤毛の上を　Ａ　伝った。目がしらの下の毛が、黒くにじんでいる。牛は泣いていた。

　島子の目の前が、　Ｂ　白くぼやけた。

（川村たかし「出て行く牛」）

(1) ──線①とありますが、どうしてそうなったのですか。(40点)

[　　　　　　　　　　　　　　　　　　　　　　　]

(2) ──線②はだれを指していますか。本文中からぬき出して書きましょう。(30点)

[　　　　　　　　]

(3) Ａ・Ｂ にあてはまる言葉を次から選んで、記号で答えましょう。(30点 一つ15)　　Ａ[　　]　Ｂ[　　]

ア　すうっと　　イ　ほろほろと

ウ　すらすら　　エ　しくしくと

1 次の文章を読んで、あとの問いに答えましょう。

> そこにいるのは不思議な外国人は家であり、とてもあった。それは小さな家であり、大きなそれは家のようにみえたが、家を見ると、今それは箱のようにみえたその家を見て、その家にそこには、家のたくさんにいる家の小さなとてもいた。みんな人に

（高橋正たかはし『ジョン万』売）

(1) ——線「それ」は何を指していますか。（40点）

[　　　　　　　　　　　　　　　　　　　]

(2) この物語は、昔の日本を舞台にしていますか。それがわかりますか。次から一つ選んで、記号で答えましょう。（60点）30-1

ア　外国人を見て、その家がめずらしかったということ。

イ　わたしの国では、みんなにぎやかなところにしか家が建っていないこと。

ウ　ドアで、たてものの上にあるような家があること。

[　　]　[　　]　[　　]

1 次の文章を読んで、あとの問いに答えましょう。

「ごちそう」は、もともと「馳走」という漢語から出たことばです。「馳走」は「走りまわる」「かけめぐる」という意味ですが、　A　、食事を作るために、その材料を集めるのに、あるいは煮たり焼いたりするのに、身体をこそがしく動かさなければならず、その労苦のねぎらいと感謝から発せられる「おことば」のことばで、（中略）「ありがとうございました」とったニュアンスのことばであるわけです。

　B　、なにも料理にかぎったことではなく、たとえばとなりの家くまでもらい風呂に行ったとき、風呂に入って帰りがけに、

「ごちそうさまでした」

というあいさつが、今でもつかわれる場合があるのではないかと思います。

（川崎 洋「ことばの力」）

(1) 　A　・　B　にあてはまる言葉を次から選んで、記号で答えましょう。（50点 一つ25）

A [　　　]　B [　　　]

ア だから　イ しかし　ウ そして　エ つまり

(2) ──線とありますが、それはなぜですか。本文中の言葉を使って書きましょう。（50点）

[　　　　　　　　　　　　　　　　　　　]

得点
合格
50点
50点

月　日

```
┌─┬─┬─┬─┬─┬─┬─┬─┬─┐
│ │ │ │ │ │ │ │ │ │
└─┴─┴─┴─┴─┴─┴─┴─┴─┘
```

1 次の文章を読んで、あとの問いに答えましょう。

100点
50点→一

「美しい」ということばで、この所に□

（中略）

「美しい」というのは、この世界と調和しているやすらぎのなかに生まれてくるものにちがいない。彼らのインターネットのようなものは、本来の場所に□

（中略）

オランウータンの子どもたちは、それぞれが美しいと思う森の中で、それだけでなく、美しいと思える姿を見て、それは美しいと思われるのだ。

（川端裕人「動物園にインターネットの森を返す日」）

(1) □にあてはまることばを次から選んで、記号で答えましょう。
［　　　］

ア かがやく姿に　　イ 森の中に

ウ かがやく姿に　　エ 森の中に

(2) ——線と同じことを表している言葉を本文中から九字でぬき出して書きましょう。

敬語 ①

月　日

得点

合格 70点

点

1 次の文に用いられている敬語の種類をあとから選んで、記号で答えましょう。(40点) 1つ10

❶ 次回は十時においしください。 [　　]

❷ 日曜日に発表会が行われます。 [　　]

❸ いつもの時間にうかがいます。 [　　]

❹ 駅はどこにあるのでしょうか。 [　　]

　　　ア ていねい語　　イ 尊敬語　　ウ けんじょう語

2 次の文の──線を、（　）の指示にしたがって敬語に直し、すべてひらがなで書きましょう。(60点) 1つ12

❶ 今夜はカレーにしよう。（ていねい語・五字）

❷ おじから参考書をもらった。（けんじょう語・五字）

❸ 先生に招待状をやった。（けんじょう語・五字）

❹ 昼食は何を食べるのですか。（尊敬語・五字）

❺ 美術館で展示品を見る。（尊敬語・六字）

1 次の文に用いられている敬語はあとのア～ウのどれと同じ種類の敬語が用いられていますか。それぞれあとから選んで、記号で答えましょう。10点×1（40点）

① ご注文の品はこちらで承ります。　[　]

② この料理はいかがですか。　[　]

③ 私が先にいたします。　[　]

④ 先生が先に行かれます。　[　]

ア 私からお話し申し上げます。

イ 家にいらっしゃいました。

ウ 先ほど拝見しました。

2 次の文の敬語の使い方の誤った部分に──線を引いて、正しい敬語の文に直しましょう。15点×1（60点）

① 社長は午前十時に会社に参られるでしょう。

[　　　　　　　]

② どうぞ、冷めないうちにいただいてください。

[　　　　　　　]

③ 先生は、ついにいらっしゃらなかったのですか。

[　　　　　　　]

④ 母が、明日うかがってもよろしいかとおっしゃっていました。

[　　　　　　　]

作 文 ①

1 次の文は良い文とはいえません。どこが良くないのかを説明しましょう。（40点）

A 「七時台の電車の乗客は多いですか？」

B 「八時台はどんなことです。」

2 次の文を口頭で伝えた場合、意味が正しく伝わらない可能性があります。どういうところが正しくないのかを書きましょう。（60点）1つ30

① 優しいお母さんの顔をかきましょう。

② ケーキを作ったの。山田さんとあなたに届けに行くから待っていてね。

得点		合格 75点	月 日
点			

1 次の、体育の先生と木村さんの会話文です。木村さんが、話せばいいことばを□にそれぞれ書きましょう。

一つ25点（100点）

先生「体を動かすことが大好きだからです。」

木村「　　　A　　　」

先生「運動をすることの大切さです。」

木村「　　　B　　　」

先生「なんでもいいのです。例えば、毎朝近所をジョギングするだけでも、体力がつきます。」

木村「　　　C　　　」

先生「ぜひがんばってください。」

木村「　　　D　　　」

先生「協力があなたにとって大切なことです。」

A ［　　　　　　　　　　］

B ［　　　　　　　　　　］

C ［　　　　　　　　　　］

D ［　　　　　　　　　　］

物語を読む ⑤

月　日

合格 40点

得点　　点

1 次の文章を読んで、あとの問いに答えましょう。

（幸太とおじいちゃんが双眼鏡で星を見ている。）

「真ん中に、ピンク色にぼんやり光るのが見えるだろう。それがM8°。」

「星がいっぱいありすぎて、わしにはようわからん。だが、きれいなもんだ。」

射手座も、M8やM20も、銀河の中に見える星々である。射手座のあたりは、星空の中でも、もっとも星が密集しているところだから、おじいちゃんにはどれがM8で、どれがM20なのかはわからない。しかし、星々のきらめきや星雲の輝きに、肉眼では見られない美しさを感じているらしかった。そのせいか、しばらく<u>双眼鏡から目をはなさなかった。</u>

（横山充男「星空くようこそ」）

(1) おじいちゃんは、星をどのようなものだと言っていますか。本文中から六字でぬき出して書きましょう。（40点）

(2) おじいちゃんが、——線のようにしていたのはなぜですか。本文中の言葉を使って書きましょう。（60点）

[　　　　　　　　　　　　　　　　　　　　]

説明文を読む ⑤

1 次の文章を読んで、あとの問いに答えましょう。

実とすぎないものと考えた。同時に、［□］は決して自然に逆らっておらず、自然の一部にしかすぎないものと考えた。私（わたし）たちも、人間と自然とを、このこと②のように考えて、二十世紀に考えた。古代の賢者（けんじゃ）もそう考えた。ひいては二十世紀の科学は、あるの意味で考えた。仕うげている科学は、平凡（へいぼん）に十仕たは科学の事実に医学においても、十九世紀

（司馬（しば）遼太郎（りょうたろう）「二十一世紀に生きる君たちへ」）

(1) ［□］にあてはまる言葉を、本文からぬき出して書きましょう。（30点）

［　　　　　　　　　］

(2) 線①と反対の意味で使われている言葉を、本文からぬき出して書きましょう。（30点）

［　　　　　　　　　］

(3) 線②とは何を指していますか。本文中の言葉を使って書きましょう。（40点）

［　　　　　　　　　］

答え

全科6年

英語

① アルファベット　　　　1ページ

1　(1) F　(2) R

(3) d　(4) k

2　(1) cat　(2) milk

(3) cake

(1) c・s → q・a → t・y

(2) m・n → i・t → r・l → k・x

(3) c・k → e・a → k・c → u・e

> **アドバイス** 英語は、アルファベットが同じでも発音がちがう場合があります。

② ～が好きです。／～出身です。　2ページ

1

(1) → rabbit
(2) → bear
(3) → dog

2　(1) from　(2) like

> **≫考え方** 日本の地名を英語で書くときは、ローマ字を使います。

③ ～できます。／～に行きたいです。3ページ

1　(1) Canada

(2) Korea

(3) China

2　(1) I want to go to America.

(2) I can play soccer.

> **アドバイス** I want to ～ に続けて、自分のしたいことを説明してみましょう。

④ どんな～が好きですか。　4ページ

1　(1) peach

(2) cherry

(3) orange

2　(1) What fruits

(2) Do you

> **アドバイス** ペアになって、好きなものは何かをたずねる練習をしてみましょう。

英語｜算数｜社会｜理科｜国語｜答え　　105

⑤ ～は日本の文化です。　5 ページ

1
(1) e

(2) g

(3) a

(4) o

2
(1) *Sumo* is a Japanese sport.

(2) *Sushi* is a Japanese food.

(3) *Kabuki* is a Japanese culture.

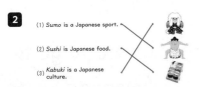

アドバイス 英語で「○○は～です。」と説明する練習をしましょう。

⑥ ～に住んでいます。　6 ページ

1
(1) study ── 見る
(2) eat ── 読む
(3) watch ── 食べる
(4) read ── 勉強する

2
(1) live in

(2) want to

アドバイス 場所を表す語句を入れかえて、自分の住んでいるところを説明する文を作ってみましょう。

⑦ 道案内をしよう。　7 ページ

1
(1) straight

(2) left

(3) right

2 straight , right

アドバイス 右や左などの英語での言い方を覚えましょう。

⑧ ～に行きました。　8 ページ

1
(1) park
(2) hospital
(3) school

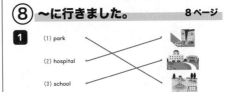

2
(1) I went to the river.

(2) I saw a big fish.

(3) It was fun.

アドバイス 過去のことを表すとき，動詞の形を変えます。

⑨ ～しました。　　　9ページ

1 (1) walk

(2) clean

(3) enjoy

(4) cook

2 (1) played

(2) ate

(3) saw

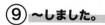アドバイス 過去を表すときの，動詞（どうし）の形の変え方を覚えておきましょう。

⑩ ～するのが上手です。　　10ページ

1
(1) — surfing
(2) — boxing
(3) — wrestling

2 (1) good　(2) great

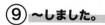アドバイス is[am, are] good at ～ で「～が上手だ（じょうず）」という意味になります。

⑪ なぜ～ですか。…だからです。11ページ

1 (1) sleepy

(2) happy

(3) sad

2 (1) Why

(2) Because

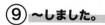アドバイス ペアになって，理由をたずねたり答えたりする練習をしましょう。

⑫ ～になりたいです。　　12ページ

1 (1) school ＼ ／ doctor
(2) sport ＼／ teacher
(3) hospital ／＼ florist
(4) flower ／ ＼ baseball player

2 (1) I want to be a police officer.

(2) What do you want to be ?

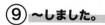アドバイス 職業を表す語を入れかえて自分のなりたい職業を言ったり，相手がなりたい職業をたずねる練習をしましょう。

算数

⑬ 対称な図形 ①　　　13 ページ

1 あ，え

2 (1)

```
    A          D
  ┌─────┼─────┐
──┼─────┼─────┼──
  └─────┼─────┘
    B          C
```

(2) 点A，点C

>>>考え方 対称の軸（じく）は2本あります。点Bに対応する点はそれぞれの対称の軸に対して1つずつあります。

3

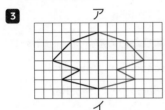

>>>考え方 対応する2つの点を結ぶ直線が，対称の軸で垂直に2等分されるように点をとっていきます。

⑭ 対称な図形 ②　　　14 ページ

1 (1)あ，い，え　(2)い，え

2 (1)(例)

```
      A    F
   B ╱ ╲ ╱ ╲
    ╲  O  ╱ E
   C ╲  ╱
        D
```

(2) 点D

(3) 辺BC

>>>考え方 対応する点を結ぶ線分はすべて対称（たいしょう）の中心を通ります。点Aに対応する点は，点Oを中心に180°回転して重なる点です。

⑮ 文字と式 ①　　　15 ページ

1 (1) x（エックス）×3＝y（ワイ）　(2)15　(3)8

2

40＋x＝y	40円のクッキーをx個買ったときの代金y円
40−x＝y	面積が40 cm²の長方形の縦（たて）の長さがx cm，横の長さがy cm
40×x＝y	40円のえんぴつとx円のペンを買ったときの代金y円
40÷x＝y	40 Lの水が入る水そうにx Lの水を入れたとき，まだ水が入る量y L

⑯ 文字と式 ②　　　16 ページ

1 (1) x（エックス）×6＋250＝y（ワイ）

(2) 2650

(3) 300

>>>考え方 (3) 100，200，300 をそれぞれ x にあてはめて調べましょう。
$100×6＋250＝850$
$200×6＋250＝1450$
$300×6＋250＝2050$

2 ❶14　❷12　❸13　❹14

>>>考え方 ❸ $12×3＋21＝57$
$13×3＋21＝60$
$14×3＋21＝63$
❹ $12÷2−4＝2$
$13÷2−4＝2.5$
$14÷2−4＝3$

⑰ 円の面積 ①　　　17 ページ

1 ❶12.56 cm²　❷78.5 cm²

>>>考え方 次の公式を使います。
円の面積＝半径×半径×円周率
直径がわかっているときは，直径÷2で半径がわかります。
❶ $2×2×3.14＝12.56$
❷ $10÷2＝5$　$5×5×3.14＝78.5$

2 ❶ 157 cm² ❷ 12.56 cm²

≫考え方 ❶ 半円の面積は，円の面積の半分です。10×10×3.14÷2=157

❷ 4×4×3.14÷4=12.56

⑱ 円の面積 ②　　　18ページ

1 ❶ 37.68 cm²

❷ 100.48 cm²

❸ 6.88 cm²

❹ 157 cm²

≫考え方 ❶ 大きい円の面積から小さい円の面積をひきます。

4×4×3.14−2×2×3.14

=(16−4)×3.14=37.68

❷ 図形の一部を移動して，1つの半円にすることを考えます。

8×8×3.14÷2=100.48

❸ 4×8−4×4×3.14÷2

=32−25.12=6.88

❹ 下半分の色をつけた部分を，上半分の同じ形のところに移動すると，大きい円の半分の面積になります。

10×10×3.14÷2=157

⑲ 分数のかけ算 ①　　　19ページ

1 $\dfrac{3}{7} \times \dfrac{3}{5} = \dfrac{\boxed{3} \times \boxed{3}}{\boxed{7} \times \boxed{5}} = \dfrac{\boxed{9}}{\boxed{35}}$

≫考え方 **分数 × 分数** の計算は，分母どうし，分子どうしのかけ算をして求めます。

2 ❶ $\dfrac{4}{45}$　❷ $\dfrac{5}{32}$

---

❸ $\dfrac{35}{12}\left(=2\dfrac{11}{12}\right)$　❹ $\dfrac{1}{4}$

❺ 1　❻ $\dfrac{9}{2}\left(=4\dfrac{1}{2}\right)$

≫考え方 ❶ $\dfrac{2}{5} \times \dfrac{2}{9} = \dfrac{2 \times 2}{5 \times 9} = \dfrac{4}{45}$

❸ $\dfrac{25}{6} \times \dfrac{7}{10} = \dfrac{25 \times 7}{6 \times \overset{2}{10}} = \dfrac{35}{12}\left(=2\dfrac{11}{12}\right)$

❹ $\dfrac{5}{18} \times \dfrac{9}{10} = \dfrac{\overset{1}{5} \times \overset{1}{9}}{\underset{2}{18} \times \underset{2}{10}} = \dfrac{1}{4}$

❺ $\dfrac{6}{7} \times \dfrac{7}{6} = \dfrac{\overset{1}{6} \times \overset{1}{7}}{\underset{1}{7} \times \underset{1}{6}} = 1$

❻ $21 \times \dfrac{3}{14} = \dfrac{\overset{3}{21} \times 3}{\underset{2}{14}} = \dfrac{9}{2}\left(=4\dfrac{1}{2}\right)$

3 6 m²

≫考え方 とちゅうで約分したほうが，数が小さくなるのでまちがえにくくなります。

$\dfrac{9}{4} \times \dfrac{8}{3} = \dfrac{\overset{3}{9} \times \overset{2}{8}}{\underset{1}{4} \times \underset{1}{3}} = 6$

⑳ 分数のかけ算 ②　　　20ページ

1 ❶ $\dfrac{15}{8}\left(=1\dfrac{7}{8}\right)$　❷ 3　❸ $\dfrac{1}{4}$

❹ $\dfrac{11}{4}\left(=2\dfrac{3}{4}\right)$

≫考え方 ❶ $1\dfrac{2}{3} \times \dfrac{9}{8} = \dfrac{5}{3} \times \dfrac{9}{8}$

$= \dfrac{5 \times \overset{3}{9}}{\underset{1}{3} \times 8} = \dfrac{15}{8}\left(=1\dfrac{7}{8}\right)$

❷ $1\frac{1}{4}\times 2\frac{2}{5}=\frac{5}{4}\times\frac{12}{5}=\frac{5\times\overset{3}{\cancel{12}}}{\cancel{4}\times\cancel{5}}=3$

❸ $\frac{2}{3}\times\frac{7}{8}\times\frac{3}{7}=\frac{\cancel{2}\times\cancel{7}\times\cancel{3}}{\cancel{3}\times\underset{4}{\cancel{8}}\times\cancel{7}}=\frac{1}{4}$

❹ $\frac{5}{6}\times 3\times 1\frac{1}{10}=\frac{5}{6}\times\frac{3}{1}\times\frac{11}{10}$

$=\frac{\cancel{5}\times\cancel{3}\times 11}{\underset{2}{\cancel{6}}\times 1\times\underset{2}{\cancel{10}}}=\frac{11}{4}\left(=2\frac{3}{4}\right)$

2 $\frac{2}{7}$ kg

>>考え方 $\frac{1}{9}\times 2\frac{4}{7}=\frac{1}{9}\times\frac{18}{7}$

$=\frac{1\times\overset{2}{\cancel{18}}}{\underset{1}{\cancel{9}}\times 7}=\frac{2}{7}$

3 70 cm³

>>考え方 直方体の体積は，縦×横×高さ で求めます。

$\frac{21}{4}\times\frac{16}{3}\times\frac{5}{2}=\frac{\overset{7}{\cancel{21}}\times\overset{\overset{2}{\cancel{4}}}{\cancel{16}}\times 5}{\cancel{4}\times\cancel{3}\times\cancel{2}}=70$

㉑ **分数のかけ算 ③**　　21ページ

1 ❶11　❷8

>>考え方 ❶ $\left(\frac{1}{2}+\frac{3}{5}\right)\times 10$

$=\frac{1}{2}\times 10+\frac{3}{5}\times 10$

$=5+6=11$

❷ $\frac{4}{7}\times 9+\frac{4}{7}\times 5=\frac{4}{7}\times(9+5)$

$=\frac{4}{7}\times 14=\frac{4\times\overset{2}{\cancel{14}}}{\cancel{7}}=8$

---

2 ❶ $3\times 1\frac{1}{2}\boxed{>}3$

❷ $\frac{3}{5}\boxed{>}\frac{3}{5}\times\frac{2}{3}$

❸ $4\boxed{>}4\times\frac{5}{6}$

❹ $1\frac{3}{7}\times\frac{3}{8}\boxed{<}1\frac{3}{7}$

>>考え方 かける数>1 のとき，積>かけられる数，かける数<1 のとき，積<かけられる数 となります。

3 10 cm

>>考え方 1時間は60分だから，40分は $\frac{40}{60}$ 時間と表せます。

$15\times\frac{40}{60}=\frac{15}{1}\times\frac{40}{60}=\frac{\overset{1}{\cancel{15}}\times\overset{10}{\cancel{40}}}{1\times\underset{4}{\cancel{60}}}=10$

㉒ **分数のわり算 ①**　　22ページ

1 ❶ $\frac{3}{2}\left(=1\frac{1}{2}\right)$　❷ $\frac{5}{14}$

>>考え方 分数の逆数は，分母と分子を入れかえた数です。

2 $\frac{3}{4}\div\frac{8}{9}=\frac{\boxed{3}\times\boxed{9}}{\boxed{4}\times\boxed{8}}=\frac{\boxed{27}}{\boxed{32}}$

3 ❶ $\frac{8}{21}$　❷ $\frac{4}{3}\left(=1\frac{1}{3}\right)$

❸ $\frac{7}{3}\left(=2\frac{1}{3}\right)$

❹ $\frac{18}{11}\left(=1\frac{7}{11}\right)$

❺ 9　❻ $\frac{4}{7}$

110

>>考え方 分数÷分数 の計算は，わる数の分母と分子を入れかえた逆数をかける計算にします。とちゅうで約分できる場合は約分したほうが簡単です。

❶ $\dfrac{2}{7}\div\dfrac{3}{4}=\dfrac{2\times4}{7\times3}=\dfrac{8}{21}$

❷ $\dfrac{2}{3}\div\dfrac{1}{2}=\dfrac{2\times2}{3\times1}=\dfrac{4}{3}\left(=1\dfrac{1}{3}\right)$

❸ $\dfrac{7}{9}\div\dfrac{1}{3}=\dfrac{7\times\overset{1}{\cancel{3}}}{\underset{3}{\cancel{9}}\times1}=\dfrac{7}{3}\left(=2\dfrac{1}{3}\right)$

❹ $\dfrac{9}{4}\div\dfrac{11}{8}=\dfrac{9\times\overset{2}{\cancel{8}}}{\underset{1}{\cancel{4}}\times11}=\dfrac{18}{11}\left(=1\dfrac{7}{11}\right)$

❺ $\dfrac{15}{4}\div\dfrac{5}{12}=\dfrac{\overset{3}{\cancel{15}}\times\overset{3}{\cancel{12}}}{\underset{1}{\cancel{4}}\times\underset{1}{\cancel{5}}}=9$

❻ $\dfrac{6}{5}\div\dfrac{21}{10}=\dfrac{\overset{2}{\cancel{6}}\times\overset{2}{\cancel{10}}}{\underset{1}{\cancel{5}}\times\underset{7}{\cancel{21}}}=\dfrac{4}{7}$

㉓ 分数のわり算 ② 　　23ページ

1 ❶ $\dfrac{21}{4}\left(=5\dfrac{1}{4}\right)$ ❷ 27

❸ $\dfrac{4}{3}\left(=1\dfrac{1}{3}\right)$ ❹ $\dfrac{8}{3}\left(=2\dfrac{2}{3}\right)$

>>考え方 ❶ $7\div\dfrac{4}{3}=\dfrac{7\times3}{4}=\dfrac{21}{4}\left(=5\dfrac{1}{4}\right)$

❷ $12\div\dfrac{4}{9}=\dfrac{\overset{3}{\cancel{12}}\times9}{\underset{1}{\cancel{4}}}=27$

❸ $1\dfrac{1}{2}\div\dfrac{9}{8}=\dfrac{3}{2}\div\dfrac{9}{8}=\dfrac{\overset{1}{\cancel{3}}\times\overset{4}{\cancel{8}}}{\underset{1}{\cancel{2}}\times\underset{3}{\cancel{9}}}=\dfrac{4}{3}\left(=1\dfrac{1}{3}\right)$

❹ $\dfrac{4}{7}\div\dfrac{5}{14}\div\dfrac{3}{5}=\dfrac{4\times\overset{2}{\cancel{14}}\times\overset{1}{\cancel{5}}}{\underset{1}{\cancel{7}}\times\underset{1}{\cancel{5}}\times3}=\dfrac{8}{3}\left(=2\dfrac{2}{3}\right)$

2 ❶ $\dfrac{55}{14}\left(=3\dfrac{13}{14}\right)$ ❷ 3

>>考え方 ❶ $3\dfrac{2}{3}\div\left(\dfrac{1}{3}+\dfrac{3}{5}\right)$

$=\dfrac{11}{3}\div\left(\dfrac{5}{15}+\dfrac{9}{15}\right)$

$=\dfrac{11}{3}\div\dfrac{14}{15}=\dfrac{11\times\overset{5}{\cancel{15}}}{3\times14}=\dfrac{55}{14}\left(=3\dfrac{13}{14}\right)$

❷ $1\dfrac{2}{3}+\dfrac{8}{9}\div\dfrac{2}{3}=\dfrac{5}{3}+\dfrac{\overset{4}{\cancel{8}}\times\overset{1}{\cancel{3}}}{\underset{3}{\cancel{9}}\times\underset{1}{\cancel{2}}}$

$=\dfrac{5}{3}+\dfrac{4}{3}=\dfrac{9}{3}=3$

3 480 m

>>考え方 $300\div\dfrac{5}{8}=\dfrac{\overset{60}{\cancel{300}}\times8}{\underset{1}{\cancel{5}}}=480$

㉔ 分数のわり算 ③ 　　24ページ

1 ❶ $5\div\dfrac{1}{2}\boxed{>}5$

❷ $\dfrac{2}{3}\boxed{>}\dfrac{2}{3}\div1\dfrac{1}{4}$

>>考え方 わる数>1 のとき，わられる数>商，わる数<1 のとき，わられる数<商となります。

2 ❶ $\dfrac{9}{25}$ ❷ $\dfrac{5}{8}$

❸ $\dfrac{1}{4}$ ❹ 56

>>考え方 ❶ $0.2\div\dfrac{5}{9}=\dfrac{2}{10}\div\dfrac{5}{9}$

$=\dfrac{\overset{1}{\cancel{2}}\times9}{10\times5}=\dfrac{9}{25}$

❷ $\frac{3}{8} \div 0.6 = \frac{3}{8} \div \frac{6}{10} = \frac{3 \times 10}{8 \times 6} = \frac{5}{8}$

❸ $0.3 \div \frac{3}{5} \times \frac{1}{2} = \frac{3}{10} \div \frac{3}{5} \times \frac{1}{2}$

$= \frac{3 \times 5 \times 1}{10 \times 3 \times 2} = \frac{1}{4}$

❹ $\frac{7}{5} \div 0.1 \times 4 = \frac{7}{5} \div \frac{1}{10} \times 4$

$= \frac{7 \times 10 \times 4}{5 \times 1} = 56$

3 880 円

≫考え方 $770 \div \frac{7}{8} = 770 \times \frac{8}{7}$

$= \frac{770 \times 8}{7} = 880$

$= \frac{5 \times 2 \times 18}{6 \times 10 \times 1} = 3$

❺ $\frac{15}{7} \div 8 \times \frac{3}{4} = \frac{15 \times 1 \times 4}{7 \times 8 \times 3} = \frac{5}{14}$

❻ $\frac{2}{5} \div 3 \div 1.2 = \frac{2}{5} \div \frac{3}{1} \div \frac{12}{10}$

$= \frac{2 \times 1 \times 10}{5 \times 3 \times 12} = \frac{1}{9}$

2 $\frac{56}{5}$ L $\left(11\frac{1}{5}\ \text{L},\ 11.2\ \text{L}\right)$

≫考え方 小数に直して計算することもできますが，分数に直して計算したほうが簡単になります。

$2.8 \div \frac{1}{4} = \frac{28}{10} \div \frac{1}{4} = \frac{28 \times 4}{10 \times 1}$

$= \frac{56}{5} \left(= 11\frac{1}{5}\right)$

㉕ **整数・小数・分数の計算 ① 25ページ**

1 ❶ $\frac{12}{5} \left(= 2\frac{2}{5}\right)$ ❷ $\frac{2}{15}$

❸ $\frac{33}{40}$ ❹ 3 ❺ $\frac{5}{14}$ ❻ $\frac{1}{9}$

≫考え方 ❶ $\frac{5}{2} \times \frac{8}{3} \div \frac{25}{9} = \frac{5 \times 8 \times 9}{2 \times 3 \times 25}$

$= \frac{12}{5} \left(= 2\frac{2}{5}\right)$

❷ $\frac{7}{4} \times \frac{8}{21} \div 5 = \frac{7 \times 8 \times 1}{4 \times 21 \times 5} = \frac{2}{15}$

❸ $\frac{11}{12} \div \frac{16}{9} \times \frac{8}{5} = \frac{11 \times 9 \times 8}{12 \times 16 \times 5} = \frac{33}{40}$

❹ $\frac{5}{6} \times 0.2 \div \frac{1}{18} = \frac{5}{6} \times \frac{2}{10} \div \frac{1}{18}$

㉖ **整数・小数・分数の計算 ② 26ページ**

1 ❶ $\frac{95}{18} \left(= 5\frac{5}{18}\right)$

❷ $\frac{63}{10} \left(= 6\frac{3}{10}\right)$

❸ $\frac{3}{2} \left(= 1\frac{1}{2}\right)$

≫考え方 ❶ $\left(\frac{1}{2} + \frac{8}{9}\right) \times (1.26 + 2.54)$

$= \left(\frac{9}{18} + \frac{16}{18}\right) \times 3.8$

$= \frac{25}{18} \times \frac{38}{10} = \frac{25 \times 38}{18 \times 10} = \frac{95}{18} \left(= 5\frac{5}{18}\right)$

❷ $(3.57-2.07)\div\left(\dfrac{3}{7}-\dfrac{4}{21}\right)$

$=1.5\div\left(\dfrac{9}{21}-\dfrac{4}{21}\right)$

$=\dfrac{15}{10}\div\dfrac{5}{21}=\dfrac{15\times21}{10\times5}=\dfrac{63}{10}\left(=6\dfrac{3}{10}\right)$

❸ $\dfrac{2}{5}\times7-\dfrac{1}{3}\times3.9$

$=\dfrac{2\times7}{5}-\dfrac{1\times39}{3\times10}=\dfrac{14}{5}-\dfrac{13}{10}$

$=\dfrac{28}{10}-\dfrac{13}{10}=\dfrac{15}{10}=\dfrac{3}{2}\left(=1\dfrac{1}{2}\right)$

2 ❶2.6 ❷12

>>考え方 ❶ $\dfrac{1}{5}\times2.6+2.6\times\dfrac{4}{5}$

$=2.6\times\dfrac{1}{5}+2.6\times\dfrac{4}{5}=2.6\times\left(\dfrac{1}{5}+\dfrac{4}{5}\right)$

$=2.6\times1=2.6$

❷ $8.3\div\dfrac{7}{12}-1.3\div\dfrac{7}{12}$

$=(8.3-1.3)\div\dfrac{7}{12}=7\div\dfrac{7}{12}$

$=\dfrac{7\times12}{7}=12$

㉗ 比 ①　　　　　　27ページ

1 (1) 16:13　(2) 29:16

>>考え方 比で表すときは，文章を読んで，文章の中に出てくる順で比の形にします。クラス全員の場合は，16+13＝29（人）ですから，29：16となります。

2 ❶$\dfrac{3}{7}$　❷$\dfrac{3}{4}$

>>考え方 $a:b$ の比の値は，$a\div b=\dfrac{a}{b}$ で求められます。❷ $15\div20=\dfrac{15}{20}=\dfrac{3}{4}$

3　　1:3・　・3:1
　　　12:4・　・2:5
　　　7:3・　・3:9
　　　6:15・　・28:12

>>考え方 等しい比は，前の数と後ろの数に同じ数をかけたり，同じ数でわったりしてつくります。

㉘ 比 ②　　　　　　28ページ

1 ❶10　❷36　❸5　❹27　❺5　❻9

>>考え方 前の数どうし，後ろの数どうしを見て，何倍になっているか(何分の1になっているか)がわかるほうから，等しい比の関係を見つけます。

❶ 2:3＝□:15　×5

2 60 mL

>>考え方 コーヒーの量を□mL とすると，
1:3＝□:180　180÷3=60
□＝1×60=60

3 540人

>>考え方 全体の児童数を□人とすると，
5:2＝□:360　360÷2=180
□＝5×180=900
英語を習っていない人数は，
900−360=540
また次のことからも求められます。
全体の児童数と英語を習っている人数の比が 5:2 ということは，習っていない人数は 5−2=3 にあたります。したがって，習っていない人数と習っている人数の比は 3:2 となりますから，英語を習っていない人数を□人としたとき，
3:2＝□:360

㉙ 拡大図と縮図 ①　　29 ページ

1 (1) き, 2　(2) う, 2

2 12 cm

≫考え方 縮図上の長さ=実際の長さ ÷ 25000 で求められます。km を cm に直し，単位をそろえて計算します。
3×1000×100÷25000=12

㉚ 拡大図と縮図 ②　　30 ページ

1 (1) 9.6 cm　(2) 60°

2 (1)

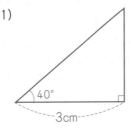

(2) 約 5 m

≫考え方 (2) 縮図での A C にあたる部分の長さは約 2.5 cm なので，
2.5×200÷100=5

㉛ 角柱や円柱の体積 ①　　31 ページ

1 ❶ 48 cm³

❷ 90 cm³

❸ 197.82 cm³

❹ 1570 cm³

≫考え方 角柱や円柱の体積は，底面積 × 高さ で求めます。
❶ 3×4÷2=6　6×8=48
❷ (3+6)×4÷2=18　18×5=90
❸ 3×3×3.14=28.26
28.26×7=197.82
❹ 10×10×3.14=314
314×5=1570

2 24 cm²

≫考え方 角柱の底面積は，体積÷高さ で求められます。168÷7=24

㉜ 角柱や円柱の体積 ②　　32 ページ

1 ❶ 252 cm³

❷ 100.48 cm³

≫考え方 展開図を組み立ててできる立体は，❶ 底面が上底 4 cm, 下底 10 cm, 高さ 4 cm の台形となる角柱です。
(4+10)×4÷2=28
28×9=252
❷ 底面が半径 2 cm の円となる円柱です。
2×2×3.14=12.56
12.56×8=100.48

2 6 cm

≫考え方 10×10×3.14÷4=78.5
471÷78.5=6

3 401.92 cm³

≫考え方 底面の円周÷円周率÷2 で底面の円の半径が求められます。
50.24÷3.14÷2=8
8×8×3.14=200.96
200.96×2=401.92

㉝ およその形と大きさ　　33 ページ

1 (1)

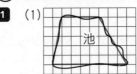

(2) およそ 30 m²

≫考え方 (2) 台形とみて，面積を求めます。
(4+8)×5÷2=30

2 (1) 直方体

(2) およそ 18000 cm³

≫考え方 15×40×30=18000

�34 比 例 ①　　　34 ページ

1 (1)（左から）12, 16, 20, 24

(2) 2 倍, 3 倍になる。

(3) 比例

(4)　y 入れる時間と水の深さ

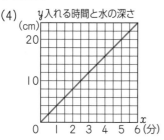

(5) 10 分後

≫考え方 (1) 1 分間にふえる水面の高さ×入れる時間＝水の深さ にあてはめて考えます。

表の左から順に，

4×3＝12　4×4＝16

4×5＝20　4×6＝24

(4) 表から，グラフが通る点をとり，直線で結びます。定規を使って，ゆがまないように線をひきましょう。

(5) 表を縦（たて）に見ると，

4×時間＝深さ となっていることがわかります。

このことから，深さが 40 cm になる時間は 40÷4＝10（分後）となります。

�35 比 例 ②　　　35 ページ

1 ❶ ×　❷ ○　❸ ×　❹ ○

≫考え方 比例するときは，一方が 2 倍，3 倍となると，もう一方も 2 倍，3 倍と変わっていきます。❶ と ❸ は一方が増えていくと，もう一方は減っていきますから，比例しません。

2 (1) $y＝x×6$

(2) 19.2 cm²

(3) 5.8 cm

≫考え方 (2) 3.2×6＝19.2

(3) 面積＝縦の長さ×横の長さ だから，

縦の長さ＝面積÷横の長さ です。

34.8÷6＝5.8

㊱ 反比例　　　36 ページ

1 (1)（左から）12, 2, 4, 3, 2

(2) $\dfrac{1}{2}$ 倍，$\dfrac{1}{3}$ 倍，$\dfrac{1}{4}$ 倍になる。

(3) $y＝12÷x$

（$x×y＝12$ または，$x＝12÷y$ でもよい。）

(4)　y　底辺の長さと高さ

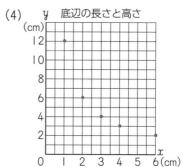

≫考え方 (1) 底辺の長さ×高さ÷2＝三角形の面積 にあてはめて考えます。わからない長さを □ cm とすると，表の左から順に，

1×□÷2＝6　□＝12

□×6÷2＝6　□＝2

3×□÷2＝6　□＝4

4×□÷2＝6　□＝3

6×□÷2＝6　□＝2

(3) 底辺の長さ×高さ÷2＝6 から，底辺の長さ×高さ＝12 です。よって，高さ＝12÷底辺の長さ となります。

(4) 表から，それぞれの点をとる。

㊲ 場合の数 ① 37ページ

1 (1) 24通り

(2) 18通り

》考え方 (1) 百　十　一

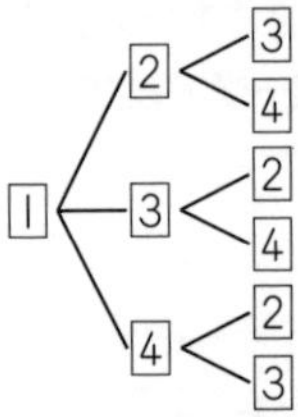

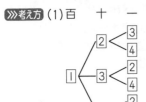

百の位が[1]であるのは，上の図のように6通り。百の位が[2]，[3]，[4]のときも同様だから，6×4=24(通り) です。

(2) [0]は百の位にはこないので，百の位は，[1]，[2]，[3]のどれかになります。それぞれの場合について，(1)より6通りずつの数ができるので，全部で，6×3=18(通り)です。

2 (1) 6通り

(2) 12通り

》考え方 (1) (あ，い，う)とすると，
(赤，白，黄)，(赤，黄，白)，(白，赤，黄)，(白，黄，赤)，(黄，赤，白)，(黄，白，赤)の6通りです。

(2) (赤，白，赤)，(白，赤，白)のように，同じ2色を使う場合でもぬり方は2通りずつあることに注意します。

㊳ 場合の数 ② 38ページ

1 6通り

》考え方 図や表を使って，もれなく数えます。

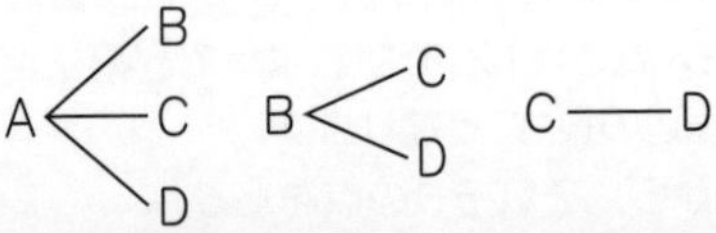

B―AとA―Bは同じ組み合わせです。同じ組み合わせはかかないように注意しましょう。

2 (1) 10通り

(2) 10通り

》考え方 (1)

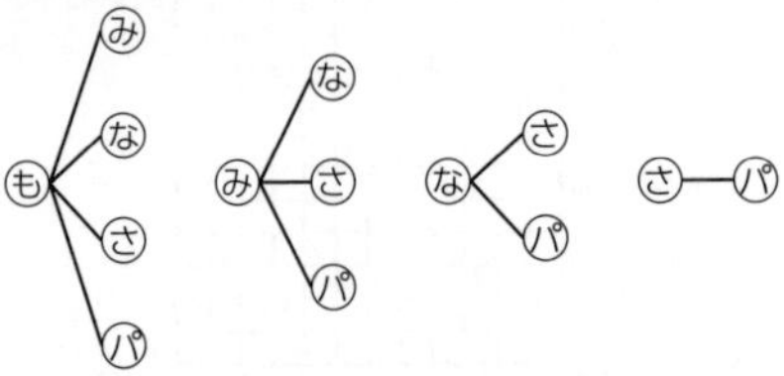

もも―みかん と みかん―もも は同じ組み合わせです。同じ組み合わせはかかないように注意しましょう。

(2) 箱につめない2種類を選べばよいので，(1)と同様になります。

3 15試合

》考え方 A―B と B―A は同じ試合です。下のような表を使って，数えることもできます。

真ん中のななめの線より右上部分に○をつけて数えることで，もれや重なりがなく数えることができます。

	A	B	C	D	E	F
A		○	○	○	○	○
B			○	○	○	○
C				○	○	○
D					○	○
E						○
F						

㊴ 資料の調べ方 ① 39ページ

1 (1) 40 kg以上45 kg未満

(2) 11人

(3) 約71 %

(4)
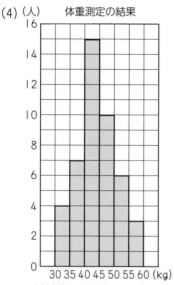
体重測定の結果

»考え方 (1)**中央値**は，資料を大きさの順に並べたとき，ちょうど真ん中になる値です。したがって，体重を重さの順に並べたときの23番目の値が入る階級です。
(2) 30 kg 以上 40 kg 未満の人数です。
(3) $(7+15+10)÷45×100=71.1…$

㊵ 資料の調べ方 ②　　　　40ページ

1 (1) 40人　(2) 7点
　　(3) 6.5点　(4) 6.4点

»考え方 (1) $3+7+10+13+5+2=40$
(2) **最頻値**は，資料の中で最も多くあらわれる値です。7点の人が最も多くなっています。
(3) 中央値は，資料の数が40個で偶数のときは，まん中にあたる20番目と21番目の資料の平均になります。
$(6+7)÷2=6.5$(点)
(4) $(4×3+5×7+6×10+7×13+8×5 +9×2)÷40=6.4$

社会

㊶ 日本国憲法　　　　41ページ

1 (1)①**基本的人権**　②**国民**
　　　③**平和**　④**象徴**　⑤**内閣**
(2) **働く義務，子どもに教育を受けさせる義務，税金を納める義務**(順不同)
(3)①**イ**　②**エ**
(4) **非核三原則**

»考え方 日本国憲法では，天皇の地位は日本という国と国民統合の**象徴**となっています。象徴である天皇は，国の政治に関する**権限**はなく，内閣の助言と承認によって**国事行為**のみを行います。国事行為とは，国会で選ばれた内閣総理大臣の任命や，国会の召集など，形式的なものです。

㊷ わたしたちのくらしと政治　42ページ

1 (1) **税金**
(2)①○　②×　③×
(3)①**A**　②**B**　③**B**　④**C**
(4) **裁判員制度**
(5) **条例**

»考え方 **国会**で決められた法律や予算にしたがって，**内閣**が実際に政治を行います。**裁判所**は争いごとを解決したり，罪のあるなしを決めたりします。裁判官は国会や内閣から独立して，憲法と法律にもとづいて判断します。**条例**は，制定された地方公共団体(都道府県や市〈区〉町村)でのみ適用されます。
(2) 衆議院議員の任期は4年，参議院議員の任期は6年です。また，議員数は，衆議院の方が多くなっています。

㊸ 三権分立 43ページ

1 (1) ①国会 ②内閣 ③裁判所
(2) 三権分立
(3) ①B ②A
(4) 衆議院

»考え方 立法権は国会，行政権は内閣，司法権は裁判所がもち，権力が集まらないようにすることで，権力の行き過ぎを防いでいます。このしくみを**三権分立**といいます。

㊹ 日本のあけぼの 44ページ

1 ❶C ❷A ❸B
❹C ❺B ❻C

2 (1) ①卑弥呼 ②邪馬台国
(2) 渡来人

»考え方 **邪馬台国**があった場所については，九州説と畿内説（現在の奈良県のあたり）があり，いまだになぞのままです。

中国の歴史書である『魏志』倭人伝に邪馬台国の位置が書かれていますが，あいまいではっきりしません。

㊺ 貴族の政治 45ページ

1 (1) 十七条の憲法 (2) 法隆寺
(3) 大化の改新

»考え方 **聖徳太子**は，天皇の政治を助ける**摂政**になり，蘇我氏の力を借りながら，天皇を中心とする国づくりを始めました。そして，**十七条の憲法**を定めて役人の心構えを示したり，**遣隋使**を中国に送り，中国の政治の制度や文化を取り入れたりしました。

2 (1) ①仏教 ②東大
(2) ①租 ②3
(3) ①貴族 ②源氏物語
③かな文字

㊻ 武士の政治 46ページ

1 (1) 源 頼朝 (2) 守護 (3) 承久
(4) 元 (5) 北条時宗

»考え方 元軍が2度にわたって日本にせめてきたことを，**元寇**といいます。

2 (1) 能 (2) 書院造

»考え方 絵は，室町幕府の第8代将軍足利義政が東山に建てた銀閣のそばにある東求堂の内部です。床の間，ちがいだな，たたみ，ふすま，しょうじなど，この時代に生まれた**書院造**が，現代の日本建築に受けつがれていることを知りましょう。

㊼ 3人の武将と天下統一 47ページ

1 ❶C ❷B ❸A
❹A ❺C ❻B

2 (1) ポルトガル
(2) ①（フランシスコ=）ザビエル
②キリスト
(3) 刀狩

»考え方 **豊臣秀吉**は**検地**によって，石高と年貢を確定させ，毎年決まった収入が得られるようにしました。また，**刀狩**によって，百姓から刀・やりなどの武器を取り上げ，百姓が反乱をおこさないようにしました。検地と刀狩によって，武士と百姓・町人の身分のちがいが明確になりました。

㊽ 江戸幕府の政治 48ページ

1 (1) 武家諸法度 (2) 参勤交代
(3) 百姓

2 (1) ①キリスト ②オランダ
(2) ①エ ②ア

»考え方 約260年間続いた江戸幕府の支配の基礎となった政策を覚えましょう。

㊾ 江戸時代の文化　　49ページ

1　(1) ①オ　②エ　③イ

(2) ①国学（こくがく）　②蘭学（らんがく）

(3) 解体新書（かいたいしんしょ）

(4) 寺子屋（てらこや）

≫≫考え方 近松門左衛門（ちかまつもんざえもん）は歌舞伎（かぶき）や人形浄瑠璃（にんぎょうじょうる）の作家として，歌川広重（うたがわひろしげ）は浮世絵師（うきよえし）として活躍（かつやく）しました。松尾芭蕉（まつおばしょう）は，自然を題材とした俳句（はいく）を数多くよんでいます。江戸（えど）時代の中ごろから洋書の輸入ができるようになると，ヨーロッパの学問を研究する**蘭学**がさかんになりました。

㊿ 開国と文明開化　　50ページ

1　(1) ペリー　(2) 日米和親条約（にちべいわしん）

(3) イ　(4) 徳川慶喜（とくがわよしのぶ）

(5) ①大塩平八郎（おおしおへいはちろう）　②福沢諭吉（ふくざわゆきち）

(6) 文明開化（ぶんめいかいか）

≫≫考え方 1853年，ペリーは，アメリカの大統領の国書を幕府（ばくふ）にわたして，日本に開国を求めました。ペリーは翌年（よくねん）にも来航し，幕府との間で**日米和親条約**を結び，下田（しもだ）（静岡県）と函館（はこだて）（北海道（ほっかいどう））が開港されました。

(51) 明治政府の政治　　51ページ

1　(1) 五箇条の御誓文（ごかじょうのごせいもん）

(2) ①エ　②イ　③ウ　④オ

⑤ア

≫≫考え方 五箇条の御誓文は，明治（めいじ）政府の方針（ほうしん）を示したものです。そのあと，明治政府は近代国家を打ち立てていくために，廃藩置県（はいはんちけん）・徴兵令（ちょうへいれい）・地租改正（ちそかいせい）などの政策を行いました。明治時代初めの政治や経済（けいざい），社会の変化を**明治維新（めいじいしん）**といいます。

�52 日清戦争・日露戦争　　52ページ

1　(1) ①ウ　②イ　③ア　④オ

(2) 八幡製鉄所（やはた）

(3) 与謝野晶子（よさのあきこ）

(4) A…陸奥宗光（むつむねみつ）

B…小村寿太郎（こむらじゅたろう）

≫≫考え方 1886年，ノルマントン号が和歌山県沖（わかやま）で難破（なんぱ）した際に，イギリス人船員はボートで脱出（だっしゅつ）し，見捨てられた日本人乗客は全員水死（みす）しました。領事裁判権（りょうじさいばんけん）（治外法権（ちがいほうけん））により，イギリス人領事が裁判を行い，当然有罪になるはずのイギリス人船長を軽い罪にしてしまったので，条約改正を求める国民の声が高まりました。そして，1894年に陸奥宗光が領事裁判権（治外法権）の撤廃（てっぱい）に成功し，1911年には小村寿太郎が**関税自主権**の回復に成功しました。

�53 戦争への道　　53ページ

1　(1) ①ウ　②ア

(2) ドイツ・イタリア（順不同）

(3) 太平洋（たいへいよう）

(4) 沖縄（おきなわ）

(5) ①広島（ひろしま）　②長崎（ながさき）

≫≫考え方 1931年の満州事変（まんしゅうじへん）から1945年の終戦まで，日本は約15年にわたって戦争を行いました。長く続いた戦争によって，日本や世界にどのようなえいきょうがあったのかをおさえておきましょう。

�54 日本の民主化政策　　54ページ

1　(1) ①○　②○　③×　④×

(2) ①女性（じょせい）　②9　③労働者（ろうどうしゃ）

≫≫考え方 (1) 廃藩置県（はいはんちけん）と地租改正（ちそかいせい）は，明治（めいじ）時代初めに政府が行った改革（かいかく）です。

2 (1) 公布…1946年11月3日

施行（しこう）…1947年5月3日

(2) 国民

〉〉〉考え方 戦後の日本は，戦前の軍国主義を改め，民主主義を根づかせるために，戦後改革とよばれる多くの改革を行いました。

経済（けいざい）の面では，戦前の軍国主義を支えていた特定の大会社が解体されました。農村では，小作人に自分の土地をもたせる**農地改革**が行われました。そして，民主化をめざす改革の中心として，憲法（けんぽう）の改正が行われました。

(55) 日本の国際社会への復帰 55ページ

1 (1) ①イ　②ア　③ウ

(2) 朝鮮（ちょうせん）戦争

〉〉〉考え方 戦争によって日本の経済（けいざい）は混乱（こんらん）していましたが，**朝鮮戦争**が始まると，アメリカが日本に兵器など大量の物資を注文したため，日本の経済が立ち直るきっかけとなりました。その後，日本はめざましい経済発展（はってん）をとげることになります。

2 (1) ①ソ連（ソビエト社会主義共和国連邦（れんぽう））

②国際連合

(2) オリンピック・パラリンピック

(3) ①高度経済成長

②三種の神器（じんぎ）

(56) 日本と関係の深い国々 56ページ

1 (1) ①大韓民国（だいかんみんこく）

②中華人民共和国（ちゅうかじんみんきょうわこく）

(2) ①イ　②ア　③ウ

〉〉〉考え方 (2) 国旗は，それぞれの国を象徴（しょうちょう）するものです。たとえば，**ウ**のアメリカの国旗には，赤白のしまが13本ありますが，これは国ができた当時の州の数です。また，50個の星は，現在の州の数を表しています。なお，**エ**はオーストラリアの国旗です。

2 A…アメリカ　B…中国

〉〉〉考え方 貿易のグラフでは，各国からの輸入品目から，特徴のあるものを見つけ出します。アメリカは工業国であると同時に農業国でもあります。肉類に注目しましょう。中国からは，機械類や衣類を多く輸入しています。

(57) 日本と国際社会 57ページ

1 A…ア　B…ウ　C…オ

D…カ

〉〉〉考え方 国名を知っていても，その国の位置を知らない場合があります。まず，日本の周りにある国の国名と位置を覚えましょう。

2 ❶ NGO（エヌジーオー）（非政府組織）

❷ 持続可能な社会

❸ ODA（オーディーエー）（政府開発援助（えんじょ））

〉〉〉考え方 世界の国々は，地球上のさまざまな問題を解決するために，協力し合っています。

(58) 世界平和と国際連合 58ページ

1 (1) ウ

(2) ①イ　②エ　③ウ

(3) ウ

(4) SDGs（エスディージーズ）

〉〉〉考え方 (1) グラフ中の**ア**はアメリカ，**イ**は中国，**エ**はドイツです。日本は加盟国（かめいこく）で3番目に多くの費用を負担（ふたん）し，国連の活動を支えています。

(3) 2022年11月現在の国連加盟国は全部で193か国です。

理科

⑤9 ものの燃え方と空気 ①　59ページ

1 (1) 火が消える。　(2) ウ

(3) 空気　(4) イ

(5) 燃え続ける。

»考え方 ものが燃え続けるには，たえず空気が入れかわる必要があります。ふたをしていない集気びんの中でものを燃やすと，ものが燃えたあとの空気が外に出ていき，新しい空気が中に入ってきます。集気びんの底にすきまがあれば，ものが燃えたあとの空気は軽いので上の口から出ていき，下のすきまから新しい空気が入ってくるという空気の流れができます。

⑥0 ものの燃え方と空気 ②　60ページ

1 (1) A…ちっ素　B…酸素

(2) ふえた気体…二酸化炭素

減った気体…酸素

(3) 石灰水が白くにごる。

(4) 気体検知管

(5) 激しく燃える。

»考え方 空気の成分の約80％がちっ素，約20％が酸素，約0.03〜0.04％が二酸化炭素です。

ものが燃えると，酸素の一部が使われ，二酸化炭素ができます。二酸化炭素には石灰水を白くにごらせる性質があり，酸素にはものを燃やすはたらきがあります。

⑥1 人や動物のからだ ①　61ページ

1 (1) A…変わらない。

B…白くにごる。

(2) 二酸化炭素

(3) ①気管　②肺　③えら

(4) ア…酸素　イ…二酸化炭素

»考え方 呼吸によって，肺で酸素の一部を血液にとり入れ，血液から二酸化炭素を出します。そのため，はく息には，吸う息よりも二酸化炭素が多くふくまれています。また，はく息には水蒸気も多くふくまれます。

魚は，えらで水中の酸素をとり入れ，水中に二酸化炭素を出しています。

⑥2 人や動物のからだ ②　62ページ

1 ❶肝臓　❷小腸　❸こう門

❹食道　❺胃　❻大腸

2 (1) ①消化管　②消化液

(2) ①だ液　②でんぷん

(3) 小腸

»考え方 口→食道→胃→小腸→大腸→こう門までのひと続きになった食べ物の通り道を消化管といい，食べ物は消化管を通る間に消化されて，おもに小腸で血液に吸収されます。

だ液のはたらきによって，でんぷんは体内に吸収されやすい別のものに変わります。だ液のように，消化のはたらきをする液を消化液といいます。

⑥3 人や動物のからだ ③　63ページ

1 (1) ①酸素　②二酸化炭素

(2) ①心臓　②肺

(3) ①ア　②ウ（①と②は順不同）

③イ　④エ（③と④は順不同）

»考え方 心臓は，血液を全身や肺に送り出すポンプのようなはたらきをしています。血液は，心臓→全身→心臓→肺→心臓とじゅんかんします。このとき，肺で血液にとり入れられた酸素は全身に運ばれ，かわり

に受けとった二酸化炭素が肺にもどってからだの外へ出されます。

2 ❶肝臓（かんぞう）❷じん臓

㉔ 月と太陽　　64ページ

1 ❶イ　❷オ　❸エ　❹ア
❺ウ

2 ❶オ　❷オ　❸エ
❹ウ　❺イ　❻ア

≫考え方 球形の月が三日月や半月などに見えるのは、月が自分で光を出さずに、太陽の光を反射（はんしゃ）してかがやいているためです。太陽の光があたっている部分は明るくかがやいて見えますが、光があたらない部分は暗いので見えません。

㉕ 植物のはたらきと日光　　65ページ

1 (1)①湯の中　②緑色をぬく
③ヨウ素液　④青むらさき
(2)B　(3)日光

≫考え方 葉をあたためたエタノールにつけて葉の緑色をぬくと、白っぽくなります。これによって、ヨウ素液につけたときの色の変化がわかりやすくなります。

㉖ 植物のからだと水の通り道　　66ページ

1 (1)根…ア　くき…イ
葉のつけ根…ア
(2)水　(3)イ
(4)①くき　②葉
③水蒸気（すいじょうき）　④蒸散（じょうさん）

≫考え方 根・くき・葉には、水の通り道になっている管があります。また、葉の表面には小さな穴（あな）がたくさんあり、根からとり入れた水の大部分は、この穴から水蒸気になって出ていきます。

㉗ 生き物と水・空気　　67ページ

1 (1)ウ
(2)①酸素　②二酸化炭素
③酸素　④二酸化炭素
⑤二酸化炭素　⑥酸素

2 ❶○　❷×　❸○

≫考え方 人や動物、植物のからだには多くの水がふくまれていて、生きていくためには水をとり入れる必要があります。
　人や動物がからだにとり入れた水は、あせやにょうなどになってからだの外に出ていきます。植物が根からとり入れた水は、葉から水蒸気（すいじょうき）になって出ていきます。

㉘ 生き物のつながり　　68ページ

1 (1)ウ→エ→イ→ア
(2)食物連鎖（しょくもつれんさ）　(3)イ

2 ❶○　❷○
❸×　❹○

≫考え方 植物に日光があたると、でんぷんができます。動物は自分で養分をつくることができないので、草食動物は植物を食べ、肉食動物は他の動物を食べて生きていくための養分を得ています。
　このように、生き物は「食べる・食べられる」という関係でつながっています。
・土の中の食物連鎖の例
　落ち葉→ミミズ→モグラ
・水中の食物連鎖の例
　水中の小さな植物→水中の小さな動物→
　イワシ→マグロ→シャチ

㉙ てこのはたらき　　69ページ

1 (1)A…ウ　B…ア　C…イ
(2)①右　②左　③右

≫考え方 力点が支点（してん）からはなれているほど、

作用点が支点に近いほど，小さな力でおもりを持ち上げることができます。

2 ❶ 60 ❷ 50

≫考え方 うでをかたむけるはたらき，（おもりの重さ）×（支点からのきょり）が左右で等しいとき，てこはつりあいます。
❶ 30×20=60×10
❷ 10×50=25×20

㉚ 水溶液の性質 ①　　70ページ

1 (1)①酸性　②中性
　　　③アルカリ性
　　(2)①ピンセット　②ガラス棒

2 ❶ 赤色　❷ 青色　❸ 青色
　　❹ 青色　❺ 青色　❻ 赤色
　　❼ 赤色　❽ 青色　❾ 青色
　　❿ 酸性　⓫ アルカリ性
　　⓬ 中性　⓭ アルカリ性
　　⓮ 酸性　⓯ アルカリ性

≫考え方 青色のリトマス紙を赤色に変える水溶液…**酸性**
赤色のリトマス紙を青色に変える水溶液…**アルカリ性**
青色・赤色のリトマス紙のどちらの色も変えない水溶液…**中性**

㉛ 水溶液の性質 ②　　71ページ

1 (1)①○　②○　③○　④×
　　(2)①あわ　②ちがう（異なる）

≫考え方 塩酸や水酸化ナトリウム水溶液に金属をとかした液からとり出したものは，もとの金属とはまったくちがう別のものになっています。金属をとかした液を少量とって加熱すると，白い粉が出てきます。これに塩酸や水酸化ナトリウム水溶液を加え

てもあわは出ません。また，水を加えるととけます。

2 (1)蒸発皿　(2)ア，ウ（順不同）
　　(3)石灰水

≫考え方 気体がとけている水溶液は，水を蒸発させると何も残りません。塩酸は塩化水素，炭酸水は二酸化炭素がとけた水溶液です。

㉜ 地層のでき方　　72ページ

1 (1)①砂　②どろ
　　(2)①水　②大きさ
　　(3)化石　(4)火山灰
　　(5)①れき岩　②砂岩
　　　③でい岩

≫考え方 がけや山のしゃ面などで見られるしま模様を地層といい，１つ１つの層は，れき（小石）・砂・どろなどがそれぞれ広く積み重なってできています。
　地層には，流れる水のはたらきでれき・砂・どろなどが運ばれ，水底に層になって積もってできたものや，火山のふん火でふき出された火山灰が積もってできたものなどがあります。

㉝ 火山・地震と土地の変化　　73ページ

1 ❶ ふん火　❷ よう岩
　　❸ 火山灰

≫考え方 火山がふん火すると，流れ出たよう岩やふき出された火山灰で，建物や道路，畑がうまったりする被害がおこることもあります。

2 ❶ 断層
　　❷ 土砂くずれ（がけくずれ）
　　❸ 津波　❹ ウ

兵庫県南部地震では，大きな断層（土地のずれ）が生じ，多くの建物や高速道路がこわれたりする大きな被害がおこりました。

㉔ 電気の利用 ①　　74ページ

1 (1) 明かりがつく。

(2) 明かりが消える。

(3) 回る。

2 ❶ウ　❷イ

》考え方 手回し発電機のハンドルを回すと電気をつくり出すことができます。**コンデンサー**（ちく電器）は，電気をためることができます。

　つくり出した電気は，光や音，熱，運動に変えることができます。

㉕ 電気の利用 ②　　75ページ

1 (1) 光をあてる。

(2) ❶ウ　❷エ

》考え方 光電池はより多くの日光をあてると生じる電流が大きくなります。

2 ❶エ　❷イ　❸ア　❹ウ

㉖ 私たちの生活と環境　76ページ

1 ❶雲　❷雨

2 ❶○　❷×　❸○

3 イ

》考え方 水は地面や水面から蒸発し水蒸気となって，空気中にふくまれます。上空に上がった水蒸気は冷やされ雲になり，やがて雨や雪となって地上にもどります。

　別のところから生き物をもちこむと，もともと住んでいた生き物が食べられてしまったり，住処がうばわれたりします。

国語

㊆ 漢字の読み書き ①　　77ページ

1 ❶すなば　❷なみき

❸はいゆう　❹よくじつ

❺しんてん　❻すんぽう

❼しょくん　❽しきしゃ

2 ❶割る　❷包装　❸劇薬

❹断層　❺届ける　❻刻む

❼干す　❽奮って　❾卵

❿認める

㊈ 漢字の読み書き ②　　78ページ

1 ❶きしょうちょう

❷せいいき

❸こうたいごう　❹よきょう

❺ちょさくけん　❻うちわけ

❼じょうりゅうすい

❽ちゅうせい

2 ❶裁き　❷危ない　❸従う

❹密閉　❺疑い　❻就任

❼存分　❽値段　❾延べ

❿探す

㊆⑨ 物語を読む ①　　79ページ

1 (1) 白　(2) 星

(3)（例）自分の答えに自信を持てなかったから。

》考え方 (1)・(2) 先生は「黒い星座の図の……けぶった銀河帯のようなところ」を指しているので，目立つように白い色で星がえがかれていることがわかります。

(3) 直後の文に「いつか雑誌で読んだ」とあるので，ジョバンニは答えがわかっていたのです。

⑧⓪ 物語を読む ②　　　80ページ

1
(1) 過去
(2)（例）太一も漁師になったという意味。
(3) 潮の流れ

≫考え方 (1)「父もその父（＝祖父）も」と世代をさかのぼっていることに注目しましょう。
(2) 太一の「ぼくは漁師になる。おとうといっしょに海に出るんだ」という言葉を手がかりに考えましょう。

⑧① 説明文を読む ①　　　81ページ

1
(1) ①木　②木型　③砂
　　④砂型　⑤鉄
(2) A…ア　B…エ

≫考え方 (1) まず「木」で「木型」を作り，それを使って，「砂」で「砂型」を作り，溶かした「鉄」を流しこむという，「鋳物」を作る手順を読み取りましょう。
(2) A「砂型のもとになるのが木型である」は「木型は鋳物の原型である」の理由になっています。
B「お寺の鐘」は「鋳物」の例として挙げています。

⑧② 説明文を読む ②　　　82ページ

1
(1)（例）目をそらしたり
(2)（例）ちゃんと話すことが苦手で，つい目をそらしてしまうこと。

≫考え方 (1) 直後の「目を伏せたり」と並列の関係になっていることに着目しましょう。
(2) 直前の「日本人の場合，というより自分の場合は」に着目すれば，「でも日本人はちゃんと話すことがそもそも苦手で…」の文に書かれていることがわかります。

⑧③ 漢字の読み書き ③　　　83ページ

1
❶ こうふん　❷ すいそく
❸ けんぽう　❹ われわれ
❺ きょうい　❻ たいそう
❼ ようさん　❽ しゅのう

2
❶ 私鉄　❷ 分担　❸ 夕暮れ
❹ 仲裁　❺ 尊ぶ　❻ 利己的
❼ 勤める　❽ 筋肉　❾ 垂れる
❿ 忘れる

≫考え方 ❼「勤める」は「役所や会社で働く」，「努める」は「努力する」，「務める」は「義務や責任のある役目を受け持つ」という意味です。

⑧④ 漢字の読み書き ④　　　84ページ

1
❶ きぼ　❷ けいご
❸ ふしょう　❹ ぐんしゅう
❺ じしゃく　❻ ととう
❼ しょめい　❽ とうじ

2
❶ 支障　❷ 臨場感　❸ 加盟
❹ 敬う　❺ 誤解　❻ 厳しい
❼ 降る　❽ 暖かい　❾ 穀倉
❿ 宣戦布告

≫考え方 ❽ 気温などが低くなくちょうどよいときは「暖かい」を，お茶など，ものの温度が低くなくちょうどよいときは「温かい」を使います。

㉘ 詩を読む ①　　　85ページ

1 (1)もっと　(2)打ち上げよう
(3)ウ

≫考え方 (1)直前の「もっと高く」と
「Ａ」「Ｂ」高く」が，よく似た表現にな
っていることに気づきましょう。
(2)・(3)作者が「落ちて来たら」「何度で
も／打ち上げよう」といっていることに注
目しましょう。

㉙ 詩を読む ②　　　86ページ

1 (1)ア
(2)(例)熊が，たばこを吸うよ
うなかっこうをして雪の上にあ
ぐらをかいている。
(3)ウ

≫考え方 (1)「雪がなだれる」のは春です。
(3)「～のような」と，あるものを別のも
のにたとえる表現は直喩です。

㉚ 漢字の読み書き ⑤　　　87ページ

1 ❶いさく　❷しかく
❸あんぴ　❹ゆうびん
❺はいく　❻かいらん
❼けんとう　❽かざんばい

2 ❶収める　❷痛む　❸難しい
❹困る　❺閉まる
❻欲張って　❼善い(良い)
❽法律　❾洗う　❿週刊誌

≫考え方 ❶「おさめる」には同訓異字が
四つもあるので，使い分けに注意しましょ
う。「収める」は「(1)自分のものにする，
(2)「落ち着かせる」という意味です。

㉛ 漢字の読み書き ⑥　　　88ページ

1 ❶しょせいじゅつ　❷そかく
❸りっぷく　❹けいとう
❺まいすう　❻きげん
❼えんかく　❽かくさく

2 ❶映る　❷異なる　❸提供
❹幼い　❺頂く　❻至る
❼専門　❽済ませる　❾賃金
❿訪ねる

㉜ 熟語の成り立ち ①　　　89ページ

1 ❶イ　❷ウ　❸ア　❹エ　❺エ
❻ア　❼イ　❽ウ　❾イ　❿ウ

2 ❶ア　❷イ　❸ウ　❹イ　❺ア

㉝ 熟語の成り立ち ②　　　90ページ

1 ❶不　❷非　❸未　❹不　❺無

2 ❶東西南北　❷風林火山
❸起承転結　❹意気投合
❺起死回生

3 ❶多　❷心　❸十　❹百　❺主

㉞ 短歌・俳句を読む　　　91ページ

1 ❶人はいさ｜心も知らず｜ふ
るさとは｜花ぞ昔の｜香に
においける
❷わがやどの｜いささ群竹｜
ふく風の｜音のかそけき｜
この夕かも
❸駒とめて｜袖うちはらう｜
陰もなし｜佐野のわたりの
｜雪の夕暮れ

126

❹ 見渡せば｜花ももみじも｜なかりけり｜浦の苫屋の｜秋の夕暮れ

2 ❶ 季語…朝顔　　季節…秋
❷ 季語…雪の原　　季節…冬
❸ 季語…天の川　　季節…秋
❹ 季語…五月雨　　季節…夏
❺ 季語…菜の花　　季節…春
❻ 季語…赤とんぼ　季節…秋

≫考え方　「季語」とは季節を表す言葉のことです。しかし，昔のこよみに基づいて分類されているため，現代の季節感とはずれていることもあるので，注意しましょう。

㉜ 意味をそえる言葉 　　92ページ
1　❶ウ　❷ア　❸ウ　❹イ
≫考え方 ❶ 「すら」は極端な例を挙げて他はもちろんであるという意味をそえます。❷ 「さえ…ば」の形でそのことだけでじゅうぶんという意味をそえます。
❸ この「まで」はさらに付け加わるという意味をそえます。❹ 「しか…ない」の形で限定する意味をそえます。
2　❶ (例)カレーを食べますか。
❷ (例)今日は出かけないでね。
❸ (例)まだ読み終えてはいない。

㉝ 反対語 　　93ページ
1　❶ 生産 ❷ 和風 ❸ 下品 ❹ 危険
❺ 勝利 ❻ 収入 ❼ 黒字 ❽ 禁止
❾ 無名 ❿ 理性

2　❶ 悪意(←→)善意
❷ 拡大(←→)縮小
3　❶ 心 ❷ 月 ❸ 校(山)　❹ 点

㉞ 類義語 　　94ページ
1　❶ 動作・行動 ❷ 所有・保持
❸ 無事・安全 ❹ 簡単・容易
2　❶ 様子 ❷ 適切 ❸ 固有
❹ 発育
3　❶ 用 ❷ 永 ❸ 料 ❹ 公
❺ 応

㉟ 物語を読む ③ 　　95ページ
1　(1) (例)牛がなみだをためているのを見て，強いしょうげきを受けたから。　(2)島子
(3) A…イ　B…ア

㊱ 物語を読む ④ 　　96ページ
1　(1) (例)不思議な家に入っている外国人。　(2)ア・エ

㊲ 説明文を読む ③ 　　97ページ
1　(1) A…エ　B…ア
(2) (例)風呂をわかして入らせるという手間をかけたことに対するねぎらいと感謝の気持ちを表すため。

㊳ 説明文を読む ④ 　　98ページ
1　(1)イ　(2)彼らのいるべき場所

99 敬 語 ①　　　99ページ

1 ❶イ　❷ア　❸ウ　❹ア

2 ❶（例）しましょう

❷（例）いただいた

❸（例）さしあげた

❹（例）めしあがる

❺（例）ごらんになる

100 敬 語 ②　　　100ページ

1 ❶ア　❷ウ　❸イ　❹ア

≫考え方　アはけんじょう語，イはていねい語，ウは尊敬語です。

2 ❶参られ→（例）いらっしゃい

❷頂いて→（例）めしあがって

❸ごらんになられた→（例）ごらんになった

❹おっしゃって→（例）申して

≫考え方　❸「ごらんになられた」は「ごらんになる」という尊敬語に「られる」という尊敬の助動詞をつけているのが誤りです。

101 作 文 ①　　　101ページ

1 （例）基準となる八時台の乗客が多いのか少ないのかがはっきりしないので，七時台の乗客が多いのか少ないのかがよくわからない。

2 ❶（例）お母さんの性格が優しいのか，顔の表情が優しいのかがはっきりしない。

❷（例）「あなた」と「山田さん」の二人にケーキを届けるの

か，「山田さん」と二人で「あなた」の家に行くのかがはっきりしない。

102 作 文 ②　　　102ページ

1 （例）

Ａ…どうして体育の先生になったのですか。

Ｂ…先生として，子どもに教えたいことは何ですか。

Ｃ…どのような運動をすればよいのですか。

Ｄ…体力がつくと，どんなよいことがありますか。

103 物語を読む ⑤　　　103ページ

1 (1) きれいなもん

(2) （例）星々のきらめきや星雲の輝きに肉眼では見られない美しさを感じていたから。

≫考え方　(2)「そのせいか」とあるので、その直前の部分に理由が書かれています。

104 説明文を読む ⑤　　　104ページ

1 (1) 人間

(2) 思いあがるということ

(3) （例）私ども人間は自然の一部にすぎないということ。

≫考え方　(3)——線②の「このこと」が同じ段落の最初の「このこと」と同じものを指していることに気づきましょう。